すべての仕事を
2分の1の時間で終わらせる

ガチ速仕事術

大原昌人

ぱる出版

はじめに

「仕事のスピードを速めたい」「仕事の発想やアイディアの質を高めたい」こんな願望は、ビジネスパーソンなら誰しもが持ったことがあるのではないでしょうか。

本書を手に取ったあなたも、少なからず「今よりさらに成果を出したい」という思いがあるはずです。

ですが、今までなかなか実現できなかったのは、「脳の無意識」を使ってこなかったことが原因です、と言われたらどうでしょうか。中には「胡散臭い」と思う方もいるかもしれません。当然です。今までの学校教育や職場などで、「脳の無意識を使って仕事をしましょう」なんてことは、教わってこなかったに違いありません。

しかし、かの有名な発明家トーマス・エジソンをはじめ、世の一流の人材は、この「脳の無意識」を活用し、人の何倍もの成果を上げているのです。

本書は、この「脳の無意識」に焦点を当て、自分だけでなく、他人の無意識さえも活用することで、一気に仕事のスピードを高め、発想やアイディアのクオリティを上げていく。そんな魔法の仕事術を盛り込んだ1冊です。

新型コロナウイルス感染拡大の影響により、仕事の進め方がガラリと変わった昨今、非対面でのミーティングやテレワークへの転換など、今まで経験してこなかった仕事形態へと変化を余儀なくされ、不安や不自由さを感じている方も多いのではないでしょうか。

しかし、私はこの時代を大きなチャンスと捉えています。なぜなら、無駄な仕事が削ぎ落とされ、本質だけが残っていく、そんな時代への転換点だと考えているからです。
今まで、私たちはあまりにも不毛なビジネスコミュニケーションで消耗してきてしまったのではないでしょうか。無駄だらけの日本特有の文化に区切りをつけ、我々はニューノーマルの時代に突入すべきなのです。

では、仕事における本質とは一体何なのでしょうか。
それは、会社として、また個人事業主やフリーランスとして、「利益を上げる」ということです。もちろん、ビジョンやミッションなど大切なことは他にもありますが、利益を上げることを抜きにして仕事を語ることはできません。

では、利益を上げるとはどういうことでしょうか。それは、言い換えると「限られた時間の中で高い質の仕事をこなす」ということです。1つの仕事に10時間かけるよりも、同じ1つの仕事を5時間で終わらせ、かつ仕事の質が高かったとすれば、その人の生産性は2倍以上のものになります。これは、会社としての売上や利益をその分増加させるということにほかなりません。

そういった人材は、社会の中で重宝され、どこに行っても求められる人材になります。起業や独立をしても、間違いなく成功するでしょう。すなわち、この「限られた時間の中で」ということが重要なポイントで、仕事のスピードを速めるということは、仕事の本質を追求することである、と言えるのではないでしょうか。

そればかりではありません。仕事のスピードを高めることにより、家族との時間など、プライベートな時間が増えます。その結果、幸せな人生を勝ち取ることができるのです。

私は、以前、大手メガベンチャーの楽天という会社で、ｗｅｂ事業のプロデューサーとして働いていました。楽天はとてもスピードの速い会社で、スケジュール管理をしながら日々のタスクを猛烈にこなし、企画を立案したり、社内調整を行ったりと、目まぐるしい日々を送ってきました。その中で身につけた仕事術は、今でも私の礎となっています。

また、現在は経営者として、ｗｅｂやネット通販のコンサルティング、企業向けＹｏｕＴｕｂｅチャンネルのプロデュース・運用代行など、さまざまな事業を行っています。今携わっている事業の中には、わずか１日で立ち上げる事業もあり、月間で50本ほどの案件を回しています。それに加え、本の執筆や、毎月２００万人以上が閲覧する自身のＹｏｕＴｕｂｅでの発信なども行い、限られた時間の中で多くの仕事をこなしています。

本書は、そんな大手企業のサラリーマンとしての、また変化の激しいｗｅｂ業界の経営者としての、両方の視点をミックスした、新時代の時短仕事術を展開しています。

また、昨今のオンラインシフトの状況を踏まえ、非対面ならではの時短ビジネスコミュニケーションのコツもお伝えしています。

私は、セミナーや講演などのご依頼をいただくことも多いのですが、本書の内容をお伝えした会社や個人の方から、「残業時間が半減しました！」「残業が減り、ハッピーアワーを楽しむ社員が増えました！」「アイディアや発想の質が上がり、大企業とのコンペに勝てるようになりました！」など、大きな反響をいただくようになりました。

それを機に、限られたセミナーや講演だけでなく、「書籍を通じてより多くの方にこの仕事術を伝えていきたい」という思いが芽生え、本書の執筆に至りました。

本書を読み終える頃には、あなたは「ガチ速仕事術」をマスターし、すぐに実践できるノウハウを得ていることでしょう。そんなあなたは、ニューノーマル時代に間違いなく重宝され、着実に成果を上げる人材として求められていきます。

さあ、それでは、はじめていきましょう。

本書が1人でも多くの方の役に立つことを願っています。

ガチ速仕事術
CONTENTS

序章 すべての仕事を2分の1の時間で終わらせるには

第1章 仕事効率をアップするための集中力ケア

第2章

すぐに使える時短テクニック＆PC活用術

第3章

仕事相手や同僚との時短コミュニケーション

第4章

オンライン時代の時短テクニック

第5章

仕事スピードを高める運動・食事・睡眠の習慣

第6章

脳の疲労を回復して仕事スピードアップ！

装丁　二ノ宮匡（ニクスインク）
本文デザイン・DTP　松好那名（matt's work）
企画協力　ネクストサービス株式会社（代表 松尾昭仁）
執筆協力　武政由布子
編集　岩川実加

CHAPTER0

序章

すべての仕事を2分の1の時間で終わらせるには

GACHISOKU

コミュニケーション能力よりも「仕事の速さ」で評価が決まる時代

あなたは「社会人として最も重要なスキル」は何だとお考えですか？

ひと昔前であれば、だれもが口をそろえて「コミュニケーション能力だ」と答えたかもしれません。たしかに就職活動でも人事考課でも、コミュニケーション能力が最大の評価軸だった時代がありました。スムーズに仕事を進めるためには、社内外の関係者と気安く打ち解け、仲良くなっておく必要があると考えられていたからです。

しかし、世の中は確実に変わりつつあります。

コミュニケーション能力は、大きく分けると「情報を伝える能力」と「人と仲良くなる能力」で構成されます。前者が重要であることは今も昔も変わりありませんが、後者の「人と仲良くなる能力」については、その必要性が相対的に低下しつつあるのです。

理由のひとつとして、オンライン会議やオンライン商談の増加が挙げられます。オンラインでの会議や商談は「何時から何時まで」と厳密に決まっていることが多いため、雑談や挨拶などのコミュニケーションは最小限にとどめ、単刀直入に本題に入ります。当然ながら、会議後の親睦会などもありません。
最初はこの新しい働き方に違和感を持っていた人も、回を重ねるうちにだんだんと慣れていき、**「雑談なんてしなくても仕事はできる」という当たり前のことに気づくようになった**のです。
こうしてコミュニケーションへの幻想が薄まっていく一方、強く求められるようになってきたのが「仕事の速さ」です。

政府主導の働き方改革の一環として、2020年から「残業は原則として月45時間、年360時間まで」というルールが適用されました。これまで日本社会には残業を美徳とする文化が根強く残っていましたが、新しい残業規制ができたことで、会社としては「残業をする人」より「早く仕事を終わらせて早く帰る人」を評価せざるを得なくなってきました。働く側にとっても、早く仕事を終わらせれば、自分の時間を持てるうえ会社からも評価されるのだから、残業なんてしている場合ではありません。

しかも、**早く仕事を終わらせることは、自分だけではなく仲間や取引先にも利益をもた**

らします。メールの返信ひとつとっても、こちらが早く返信すれば、そのぶん相手も早く仕事を進められる。だから仕事が速い人は周囲から好かれるし、重宝される。仕事が速い人は、たとえコミュニケーション能力（人と仲良くなる能力）が高くなくても、組織内でうまくやっていける可能性が高いのです。

確実に信頼関係を築きたいなら、飲み会よりも「即レス」

実をいえば私自身も、コミュニケーション能力はいたって平凡（場面によってはそれ以下）でありながら、仕事の速さで信頼と評価を獲得してきた経歴の持ち主です。

独立前に勤務していた楽天株式会社には「成功のコンセプト」と呼ばれる5項目の行動指針があり、それはそのまま社内での評価基準にもなっていました。私は5項目のうち4項目はごく平均的な成績でしたが、スピードの項目だけはつねに満点でした。私が史上最年少（当時）で日本最大級のショッピングモールである楽天市場「楽天スーパーＳＡＬＥ」のプロデューサーに抜擢されたのも、仕事の速さが評価されたからでした。

独立してIT企業の社長という立場になってからも、仕事の速さは私の最大の武器になっています。

たとえば私は、外注先であるフリーランスのデザイナーやプログラマから請求書が届いたら、その日のうちに支払いを済ませてしまいます。**その速さが信頼関係の礎になることを知っている**からです。

フリーランスが企業から仕事を請ける際、支払日がいつになるかは、企業側から一方的に提示されることがほとんどです。「月末締め、翌月末払い」が多いようですが、いいかげんな会社になると、支払期日を確約しないまま外注を使うところもあります。だからフリーランスの方の中には「支払いはいつになるのか、聞きたいけれど聞きにくい」「本当はもっと早く支払ってほしい」などと思っている方が少なからずおられます。そんな中、請求当日に振り込みがなされると、それだけでとてつもない安心感になり「大原さんの会社は信頼できる！」と思っていただけるのです。

私は、雑談をとおして相手と仲良くなるタイプのコミュニケーションは不得手です。だから外注さんとも、付き合いの長い一部の方を除いては、そこまで親密なお付き合いをしているわけではありません。それでも「大原さんの依頼なら」と言って多少厳しい条件でも快く仕事を引き受けてもらえるのは、**「仕事の速さによる信頼」**が**「コミュニケーションによる信頼」を上回っている証**だと思います。

もちろん事務的な処理だけではなく、実務のスピードも速いと自負しています。たとえばWeb制作では、一般の制作会社が1カ月半はかかるボリュームを、私の会社では2～3週間で対応しています。このスピード感は、速さがモノを言うIT業界できわめて大きなアドバンテージになっています。

ニューノーマル時代には「ニューノーマル時代の時短術」が必要

このように、仕事が速いことは〝良いことづくめ〟なのですが、どういうわけか、日本では残業がなかなか減りません。エンジニアのためのキャリア応援マガジン「ｆａｂｃｒｏｓｓ ｆｏｒエンジニア」が20～59歳の会社員・公務員1万人以上を対象に行ったアンケート調査によると、すべての年代において「月間の残業時間が45時間以上」の層が10％以上も存在していました。この結果からは「**残業を減らしたい、あるいは減らさなければ**

ならないのに、仕事が終わらない」という悩みが伝わってきます。

では、彼らはなぜ仕事を早く終えられないのでしょうか？

原因のひとつとして「従来の時短テクが通用しなくなっている」ということが考えられます。

古今東西、仕事の効率を高めるテクニックを著した「時短本」は数多く出版されてきました。しかしながら、その多くはメモの取り方やスキマ時間の活用法といったアナログ的なノウハウが中心となっていて、時代遅れの感が否めません。デジタル全盛の現代では、速記術をかじって素早くメモを取るよりも、スマホで撮影や録音をした方が手っ取り早いケースが多いからです。だから少なくとも5年以上前に出版された時短本は、ほとんど使い物にならないと言っていいのではないでしょうか。

スマホやWeb会議システムが当たり前になった今では、それらを使いこなすことが仕事の質やスピードに直結します。本書では、そうしたデジタル機器の使い方も詳しくご紹介していきます。

とはいえ、序章の見出しに掲げたとおり「すべての仕事を2分の1の時間で終わらせる」ためには、**デジタル機器だけではなく「脳」の使い方も変えていく必要があります。**

実は、これこそが本書のメインテーマ。これから述べる「脳科学に基づいた時短テク」は、だれでも、今すぐ、簡単に実践できるうえ、どんなに時代が変わっても通用する普遍的な時短術なのです。

東大生は「一番難しい問題」を先に読んでから解き始める

世の中には、仕事が速いことをある種の「才能」だと思っている方もいるようです。

「あの人は要領がいいから、仕事が速い」。

「仕事が速いのは才能に恵まれているからであって、凡人にはマネできない」。

でも実は、仕事の速さは「頭の良さ」とも「要領の良さ」とも「生来の性格」とも関係ありません。たったひとつ**「脳の使い方」を意識するだけで、だれでも速く仕事ができるようになる**のです。

ここでいう「仕事」とは、会社の業務だけではなく勉強や家事など、あらゆる作業に当てはまります。

私がこの「脳の使い方」を最初に知ったのは、浪人生のときのことです。

高校3年間、ほとんど勉強せずサッカーに明け暮れていた私は、1浪して大学に行こうと決めたものの、何をどうすればいいのか、勉強のやり方さえわからない状態でした。漠然と「国公立理系に進みたい」という目標はありましたが、肝心の数学は偏差値40台で、とても国公立大を狙えるレベルではありませんでした。

そんなとき、駿台予備校の人気講師である大島保彦先生からこんなお話を聞きました。

東大に余裕で合格するような人は、テストのときに「一番難しい問題」を先に読む。数学でいえば、最後の文章問題に目を通してから、1問目に戻って解き始める。こうして難問の情報を事前にインプットしておくと、ほかの問題に取り組んでいる間も、脳の「無意識くん」がその難問の解き方をずっと考えてくれるから、最後の問題にたどりつくころには解答への道筋が見えていて、すんなり解けてしまう。この「事前インプット」を行わず、最初から順番に解いていくと、最後の最後になって初めて難問の解き方を考え始めることになるので、時間切れになってしまう――。

私はこの説を聞いて大いに感心し、すぐにマネしてみたところ、先生の言うとおり自分の「無意識くん」が勝手に働いてくれるのが実感としてわかりました。苦手だった数学の偏差値もみるみるアップして、当初の目標どおり国公立理系（東京学芸大学教育学部）の合格も勝ち取ることができました（ただ、浪人生活を通して「理系よりも学際的な分野がおもしろそうだ」と気持ちが変わったため、最終的には慶応大学への進学を選びました）。

それからも、大島先生に教わった「脳の事前インプット法」は大学のテストや就職活動で大いに役立ち、社会人になってからも、ずっと意識して働いてきました。その結果、今では**「脳の事前インプット法」に基づいた独自の高速仕事術を確立し、スピードを武器に独立起業してビジネスを展開するまでになっています。**

余談ではありますが、発明王トーマス・エジソンも「脳の事前インプット法」を活用していました。彼は発明のアイディアを思いつくとすぐにノートに書き記し、しばらく寝かせておきました。そして脳の「無意識くん」が何かを閃くと、再びノートを開いてメモを追加し、少しずつアイディアを具現化していったのです。エジソンが生涯1300もの発明と技術革新を行うことができたのは、**脳の「表」と「裏」で別々の作業を同時に進めていたから**なのです。

一流は脳の「事前インプット」で人の2倍仕事をしている

では、東大生やエジソンが実践していた「脳の事前インプット法」をビジネスに応用するためには、どうすればいいのでしょうか。

たとえばA社とB社の案件を同時に依頼されたとします。この場合、ほとんどの人はA社かB社いずれかの案件から取り掛かり、一方を終わらせてからもう一方の案件に着手すると思います。受験生でいえば、第1問目から順番に解いていくオーソドックスなやり方です。

けれども、この方法ではA社の案件に取り組んでいる間は、B社の案件は完全に放置することになります。そのため、いざB社の案件に取り掛かっても、すぐにはいいアイディアが浮かばず、期間だけがどんどん過ぎていく――ということになりがちです。これは時間の無駄以外の何物でもありません。

ならば、どうすればいいのか？

私ならA社B社両方の依頼内容にざっと目を通し、どちらが難しいかを見極めます。そして、難しい方（仮にB社とします）の完成形をぼんやりイメージしたら、あとはもうB社については考えるのをやめて、簡単なA社の案件に全力で取り組みます。そうしておくと、A社案件を終えてB社案件を再開したとき、魔法のようにスラスラといいものができあがるのです。

これは、**A社の仕事をやっているうちにも、脳が勝手にB社のことを考えてくれているから**です。表の意識がA社の案件に取り掛かっている間、無意識くんはB社の案件をバックグラウンドで処理してくれているから、あとはもう最終的な仕上げをするだけでよくなっているのです。

このように、**脳の「表」と「裏」を意識的に使えるようになると、単純計算で作業量は倍増します**。普通の人が6日かかる仕事でも、その半分を無意識くんにおまかせできるので、3日で完了できるようになります。

しかも「脳の事前インプット法」は、自分だけではなく他者にも有効なのです。決裁をもらわなければならない上司、仕事を頼んでいる部下や外注先など、**早く動いてほしい相手にそれとなく「事前インプット」を行えば、通常よりもずっとスピーディに対応してもらえるようになります**。そうなれば自分の仕事もますます早く進められます。

第1章からは、この無敵の「事前インプット法」をビジネス上のさまざまなシーンで応用する方法を中心に、ニューノーマル時代にふさわしいデジタル機器を活用した時短術、どんな状況下でも集中力を発揮するノウハウなどについて、詳しく述べていきます。

column 1

人類最初の仕事は何だったのか？

私の想像のお話になりますが、おそらく最初の人類の仕事は、「きわめて創造的で自由そのもの」だったのではないかと思います。

その時代は、もちろん、スマホもない、パソコンもない、書籍も家も洋服すらもない。そして、空気も水も想像できないほどに透き通り、あらゆる木の実が生い茂っている。そんな原始的な世界ではないでしょうか。

皆さんだったら、そんな世界に初の人類として放り出されたら、どうしますか。何を感じ、これからどんなことをしていこうと思いますか。

私だったら、まずワクワクが止まらなくなるのではないかと思います。そして、その世界で遊び回り、世界がどうなっているのかを探究し、あらゆる興味を持った事柄を試してみる。まさに、「きわめて創造的で自由そのもの」で、もはやそれは、仕事とは呼ばないのかもしれません。

ここに、仕事をする上での重要なポイントがあるのではないかと私は考えています。

CHAPTER 1

第1章

仕事効率を
アップするための
集中力ケア

GACHISOKU

稼ぎ頭のYouTube事業は、わずか20時間で立ち上げた

私は新卒で入社した楽天を3年で退社し、自分で会社を立ち上げました。

現在は主にECサイト向けのコンサルティング事業と、Webの企画・制作・広告撮影などのクリエイティブ事業、ビジネス系YouTubeのプロデュース事業の3事業を手掛けています。

このうちもっとも新しいのが2021年1月に立ち上げたYouTube事業で、「よし、やってみよう！」と思い立った数日後には、もう専用サイトを立ち上げていました。

実作業時間は20時間に満たなかったと思います。

もちろん、これは序章で説明した「脳の事前インプット法」あっての早業です。

私がビジネス系YouTubeのプロデュース事業を意識し始めた――つまり事業の構想を脳にインプットしたのは2020年12月ころでした。

〈今やほとんどの企業が自社のホームページをもっているように、数年後には〝一企業一YouTubeチャンネル〟という時代が到来するだろう。まだブルーオーシャンといえ

るこの市場に自分が打って出るとしたら、どんなアプローチが考えられるだろう。どんな層に向けて、どんなサービスを提供すればいいだろう――〉

机に向かって企画書を書いたりすることはありませんでしたが「これからはＹｏｕＴｕｂｅの時代であり、自社としても積極的に参入していきたい」という方向性を脳にインプットしておいたのです。

そしてある日、機が熟したのを感じた私は、ビジネス系ＹｏｕＴｕｂｅプロデュース事業のランディングページ（ＬＰ）を一気に作り上げました。

ＬＰとは、商品やサービスの紹介に特化したＷｅｂページのことで、弊社のＹｏｕＴｕｂｅ事業でいえば、自社サービスの特色や、ＹｏｕＴｕｂｅおよび関連市場の成長性・将来性、そして「資料請求・問い合わせ」までが１ページにまとまっています。**構想を事前インプットしてから約１カ月間、脳の「無意識くん」が勝手にいろいろ考えておいてくれた**おかげで、ページの構成やキャッチコピー、使用する画像の種類など、ほとんど迷うことなく一気呵成に仕上げることができました。

しかも、わずか20時間で作ったこのLPは「YouTubeプロデュース」「YouTubeビジネス系プロデュース」「YouTube企業アカウントプロデュース」など複数のキーワードでSEO1位を獲得しました。SEO1位ということは、Googleで検索すると一番上に表示されるということです。おかげでこの新事業は多くの人の目に留まり、順調に滑り出すことができました。

集中力は才能や性格ではなく「テクニック」を知っているかどうか

私がわずか20時間で新事業のランディングページ（LP）を作ったのは、**時間をかけて丁寧に練り上げるメリットよりも、時間が遅くなることで生じるデメリットの方が大きいと判断したから**です。

Webの世界はトレンドの移り変わりが激しく、数カ月後には見えている景色がすっかり変わってしまうこともありえます。どんなにいいアイディアでも、スタートが遅れるとたちまち陳腐になってしまいます。

だから**いいアイディアがあったら、見切り発車でもいいから形にしてみる**。細かな調整は後からやればいいのです。
とくにＷｅｂの場合は、公開してから1〜2週間はＧｏｏｇｌｅ検索エンジンにインデックスされないので、見に来る人はほとんどいません。だから、とりあえず作って公開して、検索エンジンに乗るまでの間、じっくり肉付けしていくという作戦が有効なのです。

とはいえ、思い立ってからすぐ形にしようとしても、なかなか作業は進みません。どんな構成にするか、どんなデータを盛り込むか、いちいち立ち止まって考えねばならないので、とてもじゃないけど20時間では終わらないでしょう。時間を大事にしたいなら、あらかじめ脳に方向性をインプットして「無意識くん」にそのあたりを考えてもらい、少し寝かせてから実作業に着手した方が、早く効率よく目標に到達できます。

ただし事前インプットはあくまでも脳の無意識くんにアイディアや考えをまとめてもらう方法であって、実際に手足を使って行う作業は脳の「表」側で行う必要があります。
この**「表の作業」をスピーディに行えるかどうかは「集中力」にかかっています**。私も20時間でＬＰを作ったときは、適度な休憩をはさみつつ、それ以外の時間はひたすら目の前の作業に全集中していました。

世間では「集中力がある人、ない人」のような言い方をすることがありますが、集中力は天賦の才能ではないため、本来は「ある、なし」で語るものではありません。**集中できるかどうかは「テクニックを知っているかどうか」にかかっています。**すぐに集中力が切れてしまう人や、集中するまでに時間を要する人は、集中の才能がないのではなく、集中のための準備や環境が足りていないだけのことです。

そこで本章では、だれもが瞬時に集中する方法や、集中に役立つツールなどを紹介していきます。

発想力や創造力が求められる仕事は「ゴールデンタイム」に

1日のうちでもっとも集中力が高まる時間帯をご存じでしょうか？

答えは「午前中」です。朝起きてからの数時間が脳のゴールデンタイムであることは、脳科学者の茂木健一郎さんをはじめ多くの研究者が指摘する、脳科学界の常識です。

人の脳は夜寝ている間に記憶が整理され、朝にはクリアな状態になっています。だから

午前中の脳はまっさらで、新しい知識を吸収しやすいうえ、スタミナもたっぷり残っているから決断力や発想力、集中力も発揮しやすいのです。

仕事の効率を高めたいなら、このゴールデンタイムをフル活用しない手はありません。**企画やアイディア出しといったクリエイティブな仕事、提案書作成のような集中力を要する作業、決断力や粘り強さが求められる重要な商談などは、ぜひとも午前中に入れるように心がけてください。**私も原稿の執筆やYouTube内で使う資料の作成、チームメンバーとのブレスト、新規プロデュース案件に関するミーティングなどは、必ず午前中にスケジューリングしています。

反対に請求書・契約書の処理やエクセルへの数値入力など、集中力や創造力をそれほど要さない仕事は午後にまわしましょう。私の場合は、すでに方向性が決まっている案件のすり合わせや、自分が営業される側のミーティングなどは、午前中に入れるのはもったいないので午後に行うようにしています。

通勤時間にスマホを触るな！　朝ほど脳のスタミナを温存せよ

人間の脳は、情報を処理すればするほど疲れて働きが鈍くなります。中でも脳にとって大きな負担になるのが「決断」です。

ケンブリッジ大学の研究によると、人は1日に最大3万5000回もの決断をしているといいます。これでは脳が疲れてしまうのも当然で、朝、昼、夕方、夜と時間がたつにつれてどんどん仕事のパフォーマンスが落ちていくのは、脳が「決断疲れ」を起こしていることも大きな要因なのです。

だから午前中のゴールデンタイムを最大限に活かすには、朝起きてから仕事を始めるまでの間、なるべく余計な決断をしないようにして、脳のスタミナを温存しておく必要があります。

具体的には、**満員電車で「何もせずにボンヤリすること」を心がけてほしい**のです。

通勤で電車を使っている人の99%は、乗車中にスマホを触っているのではないかと思います。スマホは情報の塊なので、どんな用途であれスマホを使おうとすると、どのアプリを開くか、どのボタンを、どれくらいの力でタップすればいいかなど、無数の決断をせまられます。だから自分でも気づかないうちに脳のスタミナがどんどん減って、会社に着くころにはすでに脳が疲れ始めているのです。

私も社会人になったばかりのころは、通勤中はいつもスマホを触ってＳＮＳなどをチェックしていました。でも、あるときニュースで「仕事の効率を高めるには、通勤中のスマホをやめて脳を休ませることが大事だ」という記事を読み、スマホを触る習慣をやめてみました。すると、自分でも驚くほど仕事のスタートダッシュが違ってきたのです。

電車内でスマホを見ていたころは、会社のデスクに着いてからも、なんだかヌルヌル仕事が始まっていく感覚でした。これから4時間半のフルマラソンを走らなければならないのに、もうすでに30分くらい走ったあとのような、微妙な倦怠感がありました。

ところが**朝のスマホをやめてからというもの、そうした疲労感はいっさいなくなり、会社に着いてパソコンを開いた瞬間からギュンッ！と集中して作業ができる。**その差は歴然でした。

では、電車内でスマホをやめたら、代わりに何をすればいいのでしょう？

正解は「何もせずにぼーっとする」です。

窓の外の風景を見るともなしに眺めていると、「そういば今日はこんな仕事があるなあ」というように、1日の予定が自然と浮かび上がってきます。それは脳が1日のスタートに向けて、むくむくと起き上がろうとしている証です。**通勤中にこの準備運動をしておくことで、出社後一気にスタートダッシュがかかる**のです。


朝の決断エネルギーを節約するという意味では「何を食べるか」「何を着るか」を前日のうちに決めておくのもいいでしょう。

アップル創業者のスティーブ・ジョブズは、黒のタートルネックにリーバイス501、スニーカーと、いつも同じ服を着ていたことで有名です。Facebook創設者のマーク・ザッカーバーグやバラク・オバマ元アメリカ大統領なども、いつも同じような服装を貫いています。そうすることで、彼らは毎朝、服を選ぶのに費やす時間やエネルギーを節約しているのです。

彼らほどストイックに着るものを限定しなくても、前日に「明日はこの服を着よう」「明日の朝食はこれにしよう」と決めておくだけで、朝の決断回数は格段に少なくなりますし、バタバタしがちな朝の時間をゆったり過ごせるという余得もついてきます。

朝の1時間は夜の4時間分に匹敵「1時間前出社」で差をつける

私が楽天に勤務していた時期は、まだ残業削減に対する意識が低かったこともあり、所属していたクリエイティブ部門では、残業時間が100時間を超える人もめずらしくありませんでした。

ところが私はそんな超多忙な部署において「定時に帰る」ことができていました。もちろん仕事を途中で投げ出して帰るのではなく、仕事をきっちり終わらせ、人並み以上の成果を出した上で定時に帰るのです。

膨大な作業をこなさねばならない部署にいながら「定時退社」を実現できたのは、私が毎朝1時間早く出社していたからにほかなりません。

この**朝の1時間は、おそろしく仕事がはかどる**のです。

脳のスタミナがたっぷり残っていることに加え、朝のオフィスにはだれもいないため、上司に話しかけられることも、メールやメッセンジャーが届くこともありません。皆が出社してくるまでの1時間はだれにも邪魔されず、ひたすら目の前の業務に集中できる。体感値としては通常の4倍――午後だと軽く4時間はかかる仕事でも、朝ならスルッと1時間で終わってしまう感じです。

このように、とてつもなく仕事がはかどる「1時間前出社」ですが、この働き方をオススメできるのは、超多忙な会社や部署にいる方に限られます。なぜなら、残業が月20～50時間レベルの人であれば、わざわざ1時間早く出社しなくても、本章で紹介している「脳の使い方」や「集中力ケア」を実践していただければ、定時には仕事を終えられるからです。

けれども残業が月50時間を超えるのが当たり前の職場では、いきなり残業ゼロを目指しても、どこかで無理が生じる可能性が高い。残業ゼロという縛りを優先するあまり、仕事が雑になったり、周囲に迷惑をかけたりするようなことがあっては、いくら仕事が速くても評価や成長には結びつきません。

だから**超多忙な職場にいる人は、まずはこの「1時間前出社」を試してみてください。**月100時間の残業をしている人が毎日1時間だけ早く出社し、1時間×20日＝20時間の「朝残業」をすることで定時退社が可能になれば、月80時間も労働時間を短縮できたことになります。

しかも朝早く出社することは「まじめ」「きちんとしている」という印象を与え、周囲からも好意的に捉えてもらえます。残業するのが当たり前で、定時に帰ると「怠けている」と思われがちな職場でも、「朝早く来たので早く帰ります」と言えば、ほとんどの人は納得してくれるでしょう。

ですから、あなたが「自分は多忙だ」と自覚しているのなら、無理して残業ゼロを目指すのではなく、まずは「絶対に月20時間は残業する！」と決めてください。もちろんここでいう残業とは、定時後の残業ではなく、朝1時間早く出社して行う「朝残業」のことです。

月20時間の朝残業で、月100時間の夜残業を相殺するのです。

人の集中力は50分が限界　疲れる前に休むべし！

前項では「朝の1時間は仕事がはかどる」という書き方をしましたが、厳密にいえば私が集中して仕事をしていたのは「朝の50分間」です。朝1時間早く出社したら、最初の50分は集中して業務に取り組み、同僚たちがぼちぼち出社し始める最後の10分は休憩にあてていました。

なぜなら**人間の集中力は時間とともに低下していき、集中力を取り戻すには休憩をはさむ必要がある**からです。

どれくらいのペースで休めばいいのか、休憩の目安については諸説あります。

有名なのは「25分作業したら5分休憩」を繰り返す「ポモドーロ法」で、デザイナーなどクリエイティブな職業の人や受験生などからとくに評価されている時間管理術です。この方法は私も試してみたことがあり、悪くはないと思いましたが、いかんせん日本の会社にはなじみにくいという結論に至りました。会社員が25分に一度というハイペースで休憩していたら、周囲から「アイツは休んでばかり」と思われてしまう危険性が高いからです。

一方、医学的・生理学的には、人間の集中力の限界は90分だといわれています。大学の講義が90分単位なのもこのためでしょう。ただし90分というのはあくまで限界であって、現実にはその半分の45分を過ぎたあたりから徐々にパフォーマンスが落ちてくるというのが私の体感です。

だから私は、**小中学校の授業時間とほぼ同じ「50分作業、10分休憩」のサイクルを採用しています**。これなら周囲の目も気にならず、作業中ずっと高い集中力をキープしてクオリティの高い仕事をすることができます。

重要なのは、たとえキリが悪いタイミングでも時間になったら必ず仕事の手を止めて休憩することです。

仕事がノっているときは「もう少し続けたい」「最後まで一気に終わらせたい」という気持ちになりがちですが、その誘惑を断ち切って休憩を取った方が、1日トータルで考えると効率よく働けます。会社員の仕事は持久走のようなもので、いくら調子がいいからといって休憩なしで走り続けていたらすぐスタミナ切れになって、終業まで完走することはできなくなってしまいます。

なお、休憩時間をどう過ごすかは各自の自由ではありますが、私のオススメは**ストレッチなどの軽い運動をすること**です。楽天時代は、オフィスの階段を3、4階分おりてから駆け上がるということをよくしていました。身体を動かすと脳に血が巡るので、よりリフレッシュした状態で仕事を再開できるのです。

脳のエンジンをかけるため10分で終わる仕事から始める

現代のクルマはスタートボタンを押すだけで瞬時にエンジンがかかりますが、ひと昔前のクルマはエンジンを始動した後、アイドリング状態でしばらく車を放置する——すなわち「エンジンをあたためる」というステップが必要でした。

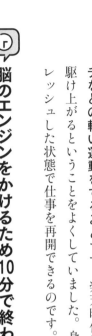

実は人の脳も旧車のエンジンと似た構造になっていて、エンジンをかけるには少々時間がかかります。

午前中は、通勤電車の中でスマホを使わず「ぼーっと過ごす」ことにより自然とエンジンがかかるので、出社後いきなり重めの仕事に取り組んでもかまいません。むしろフルマックス状態の脳を1分たりとも無駄にしないためにも、すぐさま重要な仕事に取り掛かるべきです。

しかし、徐々に疲労が蓄積し、昼食を食べることで弛緩した午後の脳を起こすためには、旧車と同様のアイドリングが必要になります。昼休憩からオフィスに戻ったら、最初の5~10分は無理して頭を使わずに、**手先だけで処理できるような簡単な作業に取り組んでエンジンをあたためましょう。**

私もエクセルへの入力作業や「わかりました」と返信するだけのメールなどは、たとえ午前中に処理できる時間があったとしても、午後イチにやるために残しておきます。ちょうどいい作業がない場合は、業務に関連するニュースサイトのチェックなど、情報のインプットにあてるのもいいでしょう。

「スタンディングデスク」や「歩きながら思考法」を活用する

日本では、パソコンなどの作業はイスに座って行うのが一般的ですが、北欧やアメリカでは多くの企業が「立って仕事をする」ことを推奨しています。長時間座ったままで作業をしていると、血行不良や腰・背中の痛み、運動不足、集中力・生産性の低下といったさまざまな弊害が生じるからです。

こうした問題を解消するために生まれたのが、立ったまま作業ができる「スタンディングデスク」です。といっても、勤務中ずっと立っているわけではなく、**集中力や発想力を要するクリエイティブな仕事はスタンディングデスクで行い、数値入力のようなコツコツ系の作業は従来どおり座って行う**というように、仕事の内容によって使い分けるのです。そうすれば、おのずと立ったり座ったりを繰り返すことになるので、血の巡りがよくなって集中力が向上します。スタンディングデスクを使うと脳の興奮状態が長く続き、クリエイティブな発想が出やすくなるという研究結果もあるそうです。

さらにテキサスA&M大学が高校生を対象に行った研究によると、スタンディングデスクを利用した生徒は、普通のデスクで勉強した生徒にくらべて、認知テストの結果が7〜14%も向上したといいます。これはスタンディングデスクが脳の認知機能を向上させることを意味しています。

集中力アップのみならず脳機能の向上や眠気防止、健康増進など多くのメリットがあるということで、近年は日本企業も相次いでスタンディングデスクを導入しています。私の古巣である楽天でも、以前は普通の机しかありませんでしたが、二子玉川への移転を機にスタンディングデスクが採用されました。

実は私は、スタンディングデスクがない時代から「立って仕事をする」ことの効能に着目し、ロッカーやキャビネットを机代わりにして立ち仕事をしていました。すると、やはり血の巡りが全然違う。座っているときよりも前のめりで仕事に集中でき、闘争心や競争心もわいてくるように感じていました。おまけに、立っていれば眠くなることも、ダラダラ作業をすることもなくなります。

そんなわけで、独立後もオフィスにスタンディングデスクを設置し、**気合いを入れたいときは必ず立って仕事をするようにしています。**

スタンディングデスクにはさまざまな種類があり、机の高さを調整して立位と座位を切り替えられる「上下昇降タイプ」は少々高額になりますが、高さ固定のシンプルなものであれば5000円~1万円ほどで購入できます。スリムで場所を取らないタイプも多く売られているので、テレワークが増えたという方は購入を検討してはどうでしょうか。ちなみに私のオフィスにあるスタンディングデスクは楽天市場で6980円で買ったものです。

設置場所がないといった事情で**スタンディングデスクの導入が難しい場合は「歩きながら思考法」を試してみてください。**

これはその名のとおり「歩きながら考える」というワークスタイルです。アイディアに煮詰まったときなどは、机に向ってウンウン唸っているよりも、デスクのまわりを歩きながら案を練った方が、足裏からの刺激で脳が活性化するので、よいアイディアが生まれやすくなるのです。

スタンフォード大学の研究者が、学生に「屋内で座る」「屋外で座る」「屋内でランニングマシンに乗る」「屋外を歩く」という4パターンで同じ作業をさせたところ、ランニングマシンに乗っているときと歩いているときは、座っている場合よりも創造性が60%アップしたという研究結果も報告されています。

また、かのスティーブ・ジョブズも散歩を日課にしていて、**歩きながらさまざまな問題解決のヒントを思いついた**といいます。彼がデザインしたアップル本社がドーナツ型なのも、社員が歩かざるを得ない状況を作り出すためでした。その流れからか、近年シリコンバレーでは「**歩きながら会議**」も流行しているそうです。

column 2

創造的な仕事＝遊びをとことん突き詰める

現代の私たちは、あらゆる制約に縛られていることも少なくありません。会社という枠組み、割り当てられた仕事、昇進などの評価システム、社会のタブーやマナー……。

これらの制約は、もちろん社会を一律に動かす効率的な側面がある一方、人間の自由な創造性を抑圧している側面もあるのではないでしょうか。

中にはこの社会の歯車の中で、やりたくもない仕事をさせられていると感じている人も、一定数いるのではないかと思います。

そんなあらゆる現代社会の束縛から解放されて、創造的な仕事＝遊びをとことん突き詰めていく、それこそが理想的な姿だと私は考えています。

もし、あなたがさまざまな社会の束縛を負担に感じていたり、自分の仕事観やキャリアに悩んでいたりするのであれば、こんなことを自分に問いかけてください。

「仮にこの世界で、何の制約もなく自由に遊べるとしたら、自分は何をするのか?」

きっとそれは、今後の自分自身の在り方を決めるための、指針となるはずです。

CHAPTER 2

第2章

すぐに使える時短テクニック&PC活用術

GACHISOKU

仕事は序盤に「方向性」だけ決め、あとは脳の無意識にまかせる

序章で述べたように、**人の2倍のスピードで仕事をする秘訣は、必要な情報を脳に「事前インプット」しておくこと**です。受験勉強であれば、先に難しい問題の問題文を読んでその情報を脳にインプットしてから、ほかの問題に取り掛かる。すると脳の無意識が勝手に難問の解き方を考えておいてくれるので、いざその難問に取り掛かると、魔法のようにスルスル解けてしまうというわけです。

このテクニックはビジネスシーンでも幅広く応用することができます。

たとえば「納期は1カ月後だが、作業としては1週間ほどで終わる案件」を受注した場合、あなたはいつ、どのタイミングでその案件に取り組みますか?

①ギリギリまで完全に放置して、直前の1週間で一気に仕上げる
②すぐに着手して、最初の1週間で終わらせる

実は、脳を活用する観点からすると「どちらも不正解」です。

①が論外であることは言わずもがなでしょう。これは夏休みの宿題を最後まで残しておくようなもので、放置しているあいだは何ともいえない罪悪感がつきまとうし、ギリギリのタイミングで着手すると「終わらなかったらどうしよう」と焦りながら仕事をするはめになるので、クオリティも上がりません。

しっかりした人ほど②を選びがちですが、実はこちらも100点満点とはいえません。実質1週間の仕事を律義に1週間かけてやるのは「普通」以外の何物でもなく、マイナスはつかないかわりにプラスにもなりません。

では脳科学的には何がベストなのか？

私なら、**打ち合わせをした直後のホットなタイミングで「おおまかな方向性」だけ決めて、あとは脳の無意識にまかせて放置**しておきます。すると脳の無意識が勝手に考えて肉付けをしてくれるので、**締め切り直前に本腰を入れて着手したとき、あっという間にクオリティの高いものができあがります**。正攻法でやったら1週間かかる仕事でも、この方法なら実質2～3日で終わります。

「大まかな方向性」だけ決めるとはどういうことなのか、私が手掛ける「ビジネス系YouTubeプロデュース事業」を例に説明します。

まず、この事業における納品物とは「どのような層に向けて、どういう演者が、どういう機材で撮影し、その動画からどういったエンド商品または集客につなげていくか」というアイディアをまとめた提案書を意味します。

クライアントとの打ち合わせから納品まで平均2〜3週間といったところですが、私が提案書の作成に着手するのは、せいぜい納品の2〜3日前です。それまでにやることといえば、打ち合わせ中から大まかな完成形をイメージしておいて、その日のうちに方向性やコンセプトが似ているチャンネルをいくつか見つけて「参考チャンネル」としてメモしておくだけ——。これさえやっておけば、納品の2〜3日前、うまくいけば締め切り当日に資料を作り始めても十分に間に合うのです。

「早めに着手して早めに終わらせたい」という気持ちもわかりますが、それがクリエイティブ要素の強い仕事であるなら、なおさらオススメできません。

何かを作ったり、考えたりする仕事ほど、あとから「こうすればもっとよくなるな」

「こちらの提案の方がターゲットに刺さりそうだ」というアイディアが浮かんでくるものです。だから**思いつきをすぐ形にするのではなく、しばらく脳内で寝かせておいた方が、時短になるだけではなく最終的なクオリティも高まる**のです。

あなたが今手に取っている本書も「脳の事前インプット法」を駆使して書き進めています。具体的には、編集者との打ち合わせが終わった直後に全体の方向性（章立て）を決め、そこから3週間ほど寝かせてから、実際の執筆作業を始めています。おかげで最初の章立てにはなかった要素もたくさん思いつき、より充実した内容に仕上がりそうだという手ごたえを感じながら執筆しているところです。

1日のスケジュールを50分単位で区切り、ストップウォッチで管理

第1章で紹介したとおり、集中力を維持しながら仕事に取り組むためには「50分仕事＋10分休憩」のサイクルで働くのが理想です。キリが悪いときや「あと5分で終わるのに～」という場面でも、時間が来たらいったん切り上げる。「今中断するのはもったいない」

と思える場面もあるでしょうが、サイクルどおりに休憩をはさんだ方が集中力もスピードも維持できるので、結果的に早く仕事が終わります。

「50分仕事＋10分休憩」のサイクルを厳守するためには、ストップウォッチでの時間管理が必須です。これがないと「あと何分かな」と何度も時計を確認するはめになり、かえって集中力がそがれてしまいます。50分間の最後の1分まで目の前の仕事に集中するには、ストップウォッチの力を借りるのが一番です。

しかもストップウォッチには、休憩時間を知らせるだけではない、さまざまな効能があります。

まず、**ストップウォッチを使って時間管理をしていると、自分のアウトプット量をかなり正確に把握できるようになります**。

社会人の中で「自分がこの作業を終えるのに何時間かかるか」を正確に予測できる人はどれだけいるでしょうか。ほとんどの人は「その仕事なら2～3日で終わるかな」などと、どんぶり勘定で予測するのがせいぜいなのではないでしょうか。

その点、普段からストップウォッチを使って50分単位で仕事をしていると、50分で何をどれくらいできるか明確になり、無駄のないスケジュールを組めるようになります。「午前中は50分×3コマあるから、タスクAに2コマ、タスクBに1コマ使う。午後は50分×5コマだから、タスクCに3コマ、タスクDを2コマで終わらせて定時に帰ろう」というように、見通しが非常にクリアになります。

これをやらず「きょうはタスクA～Dを終わらせよう」というざっくりした意識で臨むと、ダラダラ作業になって時間ばかりかかってしまいます。

自分のキャパシティを知ることは、フリーランスにとってはより重要な意味を持ちます。私は自分の仕事が工数的に何時間（何コマ）かかるか、1カ月でどれだけの案件をこなせるか、かなりの精度で予測できるため、つねに適量の仕事を受注できています。「仕事を受けすぎて余裕がない」あるいは「仕事をセーブしすぎて暇になった」ということは、独立してから一度もありません。

また、私は受験生時代からずっとストップウォッチで時間管理をしてきたので「ストップウォッチを押す＝作業スタート」という流れが身に沁みついています。長年にわたって習慣化することで、**ストップウォッチが「やる気スイッチ」の役割を果たすようになったのです**。

だからストップウォッチは、できれば長年使える丈夫なものを選んでください。機能的にはシンプルでよく、高価である必要はありませんが、１００均などで売られている安物は壊れやすいので避けた方がいいでしょう。

ちなみに私が愛用しているＳＥＩＫＯ製のストップウォッチは、小学校教員をしていた母が体育の授業で使っていたのを譲り受けたもので、かれこれ20年以上同じものを使い続けています。

なお、スマホにもストップウォッチの機能はついていますが、**スマホをストップウォッチ代わりに使うことだけはやめてください**。スマホを触ると、何だかんだ通知が気になったりラインを見てしまったりして気が散り、かえって時間を浪費してしまいます。

作業を箇条書きで視覚化し、脳に先に知らせて仕事効率アップ

脳に情報をインプットする方法にもいろいろあります。

ゴールへの道筋が明確に見えていない段階なら、**頭の中で「取り組むべき課題」や「だいたいの完成形をイメージする」**だけでかまいません。すると脳の無意識が勝手に「課題を解決する方法」を考えたり、「完成に必要な情報」を集めたりしてくれるので、あとの作業がグッと楽になります。

反対に、やるべきことが明確に決まっている場合は「視覚情報」として脳に伝えてあげるのが効果的です。たとえば**「今日中に終わらせたいこと」を書き出して脳に伝える**と、脳はその情報をインプットして、勝手に帳尻を合わせようとします。

脳が持つこの不思議な力をフルに活用するために、私はパソコンの付箋機能（マッキントッシュではスティッキーズ、ウィンドウズならＳｔｉｃｋｙ Ｎｏｔｅ）に1日の予定を箇条書きにし、画面の端に常駐させて、つねに見えるようにしています。そうすると、脳が「今日はこれをやらなければならないのか」と認知して、時間内に終わるよう自動的

に対処してくれるのです。

付箋の形式には、とくに決まりはありません。私は「今日中に終わらせなければならないＴｏｄｏリスト」と「長期的に取り組みたい案件やアイディアのリスト」を２枚の付箋に分けて表示しています。

パソコンの付箋機能ではなく、紙のメモでも同等の効果が見込めます。その場合はよく見える場所に置くなり貼るなりして、仕事中つねにメモが視界に入るようにしてください。私自身も、会社員だったころは紙のメモを愛用していました。独立後、紙のメモからデジタル付箋に移行したのは、現在のオフィスがペーパレス仕様でプリントアウトに手間がかかるからというだけの理由で、もし気軽に使えるプリンタがあるなら、慣れ親しんだ紙のメモを使い続けていたと思います。

いずれにしても、**メモや付箋でスケジュールを可視化する効果は絶大で、やるとやらないとでは、アウトプットの量がかなり変わってきます。**

私は楽天時代に一度、実験的に「あえてスケジュールを立てないで１日を過ごす」ということをやったことがあります。その結果、きちんとスケジュールを立てている日にくらべると、なんと半分のタスクしかこなすことができませんでした。「何時までにこれを終わらせる」と予定を立てて視覚化し、脳にその情報を教えてから取り組むのと、そうした工夫をいっさい放棄して働くのとでは、雲泥の差が生じるのです。

なお、**箇条書きにしたタスクは、終わったものから二重線で消していきます**。パソコンの付箋は二重線を引くのが難しいので、箇条書きの頭に「●」などのマークを手打ちして「これは終わった作業だ」ということが一目でわかるようにしておくといいでしょう。そうすれば脳が混乱せずに済むし、「今日1日でこんなにも作業をこなせた」という達成感が味わえてモチベーションも上がります。

そして**1日の最後には、翌日のTodoリストを作ってから退社する**。そうすれば、翌朝の貴重なゴールデンタイムを1分も無駄にすることなく、出社した瞬間から仕事をスタートすることができます。

時　間	タスク・スケジュール
07:00	
08:00	
09:00	
10:00	
11:00	
12:00	
13:00	
14:00	
15:00	
16:00	
17:00	
18:00	
19:00	

ToDoリスト（本日）	

長期スケジュール・アイディア	

紙のスケジュール帳は今すぐ手放し、スマホアプリに切り替える

デスクトップまわりに置く1日のスケジュール（Ｔｏｄｏリスト）は紙でもデジタル付箋でも大差ないので、どちらでも好きな方を使ってかまいませんが、いわゆる**「スケジュール帳」については、紙よりも電子手帳の方が圧倒的に優れています**。いまだに昔ながらの紙の手帳を使っているという方は、今すぐスマホアプリ（電子手帳）に切り替えることをオススメします。

なぜなら、紙のスケジュール帳にはつねに「置き忘れ」のリスクが付きまとうからです。あなたも、取引先の人と日程について打ち合わせしようというとき「スケジュール帳を会社に置いてきてしまったので、日程については帰社後にご相談させてください」などと言われたことはないでしょうか？　本来ならその場で即決できるはずなのに、スケジュール帳を置き忘れたせいで日程調整が先送りになってしまうなんて、お互いにとって時間のムダ以外の何物でもありません。

また、スケジュール帳をちゃんと持ち歩いている場合でも、鞄の中で見失って人前でゴソゴソ探したり、目的のページを開くのに手間取ったり、自分で書いた字が汚くて判読できなかったりと、アナログ手帳には多くの不便があります。

その点、スマホアプリは便利です。現代人のライフスタイルならスマホを忘れて外出することはまずないし、「スマホはこのポケットに入れておく」など収納場所もだいたい決まっているから、必要な時にサッと取り出して予定を確認できます。**紙の手帳よりも、ずっとスマートに使いこなすことができる**のです。

スマホのスケジュール管理アプリにはたくさんの種類がありますが、使い勝手がいいのはやはり有名どころのアプリです。

私は**クラウド型電子手帳の「ライフベア」**を愛用しています。カレンダーやTodoリスト、ノートなどの機能がひとつにまとまっていて、スマホだけではなくパソコンに同期して使える点と、「月カレンダー」の画面に表示できる項目が多い点に魅力を感じ、このアプリを選びました。

スマホの電子手帳は、カレンダーの表示形式を「月」「週」「日」の単位で切り替えて使うのが一般的です。ほとんどのアプリでは「月カレンダー」に表示できるスケジュールは2~3件どまりですが、ライフベアは4件まで表示できる。1日にいろいろな予定を詰め込むことが多い私にとっては、とてもありがたい機能なので、個人の予定はすべてライフベアで管理しています。

このほか**チームメンバーとスケジュールを共有したいときは「Googleカレンダー」**を使っています。

これはプロジェクトごとにカレンダーを作成し、共有したい相手のメールアドレスを入力するだけですぐに使えます。共有相手に与える権限のレベル（閲覧だけ、スケジュールの変更・削除ができる、など）も柔軟に設定できるので、社内だけではなく外注スタッフなどと予定や進捗を共有する際にも有用なツールです。

デスクトップはつねに空にすべし！　脳の無意識スタミナ浪費を防ぐ

1日を通して脳のコンディションを良好に保ち、スピーディに仕事を進めるためには、脳が「決断」する回数をなるべく減らしてスタミナを温存する必要があります。その具体策として、第1章では「通勤中のスマホをやめる」という方法をご紹介しましたが、「デスクトップを整理する」ことでも同様の効果を得られます。

いろいろな人と打ち合わせをしていると、スクリーンをつなぐタイミングで相手のデスクトップがちらりと見えることがあります。すると中には、デスクトップ一面をファイルが埋め尽くしているような人も散見されます。本人は「どこに何があるか把握できているのだから問題ない」くらいに思っているかもしれませんが、**デスクトップ画面を見るたびに雑多な情報が飛び込んでくるというのは、脳にとっては相当なストレス**です。一瞬でもファイル名が目に入れば「そういえば、あの案件はどうなったかな」「そろそろあの件も進めなければ」などと反射的に考えてしまうので、それだけで脳は疲弊し、仕事の効率も落ちてしまうでしょう。

知らず知らずのうちに脳のスタミナを浪費しないためにも、**デスクトップに置くのは「現在進行中の案件だけ」**と決めて、それ以外のデータは「過去の仕事フォルダ」や「保留中の仕事フォルダ」にまとめて収納しておいてください。さらに進行中のデータについても、ファイルをそのまま置くのではなく、必ずフォルダに分類して収納する。これを守れば、デスクトップに並ぶアイコンは多くても2列以内におさまるはずです。

デスクトップの整理ができたら、次はデスクまわりの整頓にも取り組みましょう。

フリーアドレスではない席固定のオフィスでは、自分のデスクの周辺に趣味のフィギュアやら観葉植物やらをゴチャゴチャ並べている人をよく見かけますが、あれはよくありません。目に入るたびに脳が余計なことを考えるので疲れてしまいます。

仕事に必要ない趣味のアイテムは、ただちに撤去してください。1つか2つくらい残したいと思うかもしれませんが、1つでも置くと何個でも置きたくなってしまうのが人の性なので、最初から何も置かないのが一番です。

デスクまわりをスッキリと保つには「ペーパレス」を意識することも大事です。画面上のデータよりも、慣れ親しんだ紙の方が読みやすく、安心感があるという意見も根強くありますが、紙には「散らかる」「整頓が面倒」「収納場所をとる」「どこに何があるか探しにくい」などのデメリットも多くあります。

だから何でもかんでもプリントアウトせず、**可能な限りデータのままで取り扱うようにしてください。**長期的にみればその方がはるかに時短になるし、モノ（紙）が増えることによるストレスもなくなります。

印刷することが会社のルールになっている場合もあるでしょうが、このところ官民ともにハンコの廃止や資料のペーパレス化がどんどん進んでいます。私の会社でも、契約書はすべてクラウドサインで処理しています。取引先の中には「従来どおり紙でやり取りしたい」と思っている方もいるはずですが、最初に「どうしても請求書や契約書の郵送が必要ならおっしゃってください」と伝えると「だったらクラウドでいいよ」という流れになるケースがほとんどです。あなたがもし、そうした選択ができる立場にいるのなら、この機会にペーパレス化を提案してみてはいかがでしょうか。

私がこのように身のまわりをシンプルに保つようになったのは、日本を代表するアートディレクタである佐藤可士和さんのドキュメンタリー番組を見たのがきっかけです。彼のオフィスには、とにかくモノがないのです。

白い壁、木材の床、シンプルなデザインのデスクと椅子、以上！

――そんなミニマリズムの極みといえる環境で仕事をするのは、**「目から入ってくる視覚情報が、感性や感覚に影響を及ぼす」**からだそうです。ペン立てに並ぶペンが1ミリでも乱れていると、創造性がそがれてしまうというのです。

そのお話に感銘を受け、私も少しずつ身のまわりから無駄なモノや、デコラティブな装飾を排除するようになりました。おかげで今の私のオフィスは、もちろん佐藤さんのオフィスには遠く及ばないものの、かなりシンプルで脳にもやさしい環境になっていると自負しています。

コピペから音声入力まで、機能をフル活用して作業効率を高める

現代のビジネスはＩＴなくしては成り立ちません。職種にもよるでしょうが、ほとんどの人は毎日のようにパソコンやインターネットを使って仕事をしていることと思います。

けれども、それらのツールを使いこなしていると胸を張って言えるビジネスパーソン

は、はたしてどれだけいるでしょうか。

社内研修などでＩＴを学ぶ機会もゼロではないでしょうが、それは多くの場合、業務上必要となる最低限の知識を学ぶ場であって、プラスアルファの機能やツールを使いこなせるかどうかは、個々人のＩＴリテラシーにかかっています。

ＩＴが好きな人や勉強熱心な人は、どんどん新しい知識や技術を仕入れて仕事を効率化できるけれど、ＩＴが苦手な人や興味がない人は、いつまでも昔のやり方を続けるだけ――。このままでは、差は開いていく一方です。

現代では、ＩＴをいかに使いこなせるかが時短のカギを握ります。そこで本章後半では、仕事の高速化につながる機能やツールを厳選してご紹介していきます。

まずは、コピー&ペーストの作業がぐっと便利になる「**新・クリップボード機能**」です。

これまでウィンドウズのクリップボードには、コピー（またはカット）した情報を１つだけしかストックできませんでした。だから「Ａ」をコピーした後に「Ｂ」をコピーしたら「Ａ」の情報は上書きされて失われ、「Ｂ」しか貼り付けることができませんでした。

しかし**2018年のアップデート後は、コピーした情報を最大25個までストックし、履**

歴として簡単に呼び出して貼り付けできるようになったのです。この機能は初期設定では無効になっているので、気づいていない方も多いのではないでしょうか。新しいクリップボード機能を有効にするには、［Windows］＋［V］キーでクリップボードウィンドウを表示して「有効にする」ボタンをクリックしてください。

使い方はとても簡単で、コピーしたテキストを貼り付けるとき、通常は［Ctrl］＋［V］のショートカットを用いますが、履歴から選びたいときは［Windows］＋［V］キーを押す。すると履歴ウィンドウが開き、コピーの履歴が一覧で表示されるので、コピーしたいものを選択して［Enter］キーを押す――これで貼り付け完了です。あちこちから情報をコピーし、最後にまとめて貼り付けたいときなど、とても便利で重宝する機能です。ひとつひとつコピーして貼り付けるのにくらべると、作業時間を大幅に短縮することができます。

この**クリップボードのマッキントッシュ版が「Clipy（クリッピー）」**です。ウィンドウズのクリップボードがデフォルト機能であるのに対して、こちらはダウンロードして使用する拡張アプリになります。

Clipyでは、コピーしたテキストやキャプチャを最大100個（デフォルト設定では30個）までストックできるほか、自分が操作しやすいよう自由にショートカットキーを設定することもできます。

ワードの標準機能として搭載されている**ディクテーション（音声入力）もイチオシの機能**です。従来のディクテーションは性能が悪く「これなら自分で入力した方がずっとマシ」というレベルだったのですが、最近のアップデートで、かなり使い物になるようになってきました。

これも使い方は簡単で、ホームタブの右端にある「ディクテーション」ボタンを押すと、画面にマイクが表示されて聞き取りが始まるので、あとはしゃべるだけ——。すると、その内容が自動的にテキスト入力されていくのです。

多少の認識ミスはあるものの、**自分用にアイディアをメモしたり、下書きをしたりという用途なら十分使えるレベル**です。認識率をアップさせたいなら「ゆっくり明瞭に話す」「イヤホンマイクを使う」などを試してみるといいでしょう。

私は、自分が出演するセミナー動画の内容を文字に書き起こしたいときなどに、この機能を使っています。ワードを開いてディクテーションをオンにし、同じパソコン内で動画を再生しておくだけで勝手に文字起こしをしてくれるので、とても助かっています。

もちろん仕上がりは完璧ではなく、最後に句読点を足したりして体裁を整える必要はあるものの、自力で文字を起こしていくことを考えたら、かなりの時短になっています。

無駄な待ち時間を減らし、デキる感を演出する「タクシー配車アプリ」

駅から少し離れた取引先へ行くときなど、仕事でタクシーを使う人は多いと思います。そんなとき、「行き」は駅前のタクシー乗り場で拾うことが多いでしょうが、「帰り」はどうしていますか？　道端でタクシーを拾うか、電話で配車を頼むか、その二択しかないと思っている方が多いのではないでしょうか。

実はこの二択では、タクシーを早く確実につかまえることはできません。わざわざ大通りまで出てタクシーを待っているのに、なかなかタクシーが通らない。タクシー会社に電話をかけても「今は出払っているから」と断られたり、10分、20分と待たされたりする。

そんな経験がある方も多いのではないでしょうか。

タクシーを探したり、待ったりする時間は、非生産的としか言いようがない無駄な時間です。ですから、それなりの頻度でタクシーを使うなら、**スマホひとつでタクシーが呼べる「タクシー配車アプリ」を利用しましょう。**

配車アプリでは、タクシーを「今すぐ呼ぶ」だけではなく「予約する」こともできます。あらかじめミーティングの終了時間がわかっている場合は、それを見越してちょうどいい時間に予約しておけば、タクシーの待ち時間はゼロになります。自分1人ではなく同乗者がいる場合は、その人からも喜ばれ「気が利く人だな」という印象も持ってもらえるので一石二鳥です。

なお、タクシーの予約は電話でもできますが、ＪａｐａｎＴａｘｉ（ジャパンタクシー）のように「電話予約の場合は予約料金がかかるが、アプリなら予約料金不要」というケースもあるので、やはり電話よりもアプリの方がオススメです。ほかにもタクシー配車アプリは「ネット決済ができる」「事前に料金がわかる」などさまざまな利点があるので、わざわざ電話で予約する理由がありません。

タクシー配車アプリはメジャーなものだけでも10種類ほどありますが、それぞれ対象地域が異なるため、まずは利用したいエリアに合ったアプリを選ぶのが鉄則です。私は前述のJapanTaxiとウーバーの配車アプリを使っています。

ウーバーの魅力は、高級車でのプレミアムな配車サービス「ウーバーブラック」があることです。料金は通常のタクシーの1.5~2倍程度と割高ではあるものの、黒塗りの高級車がバーンと迎えに来てくれるのはなかなかインパクトがあるので、大事な打ち合わせのときなど、ここぞという場面で使ってみるといいでしょう。

デジタルツールを駆使し、最新トレンドや業界動向を倍速インプット

あらゆる事象が目まぐるしく変化し続ける現代において、人並み以上の成功をおさめたいと願うなら、つねに社会や業界の動きに目を光らせておく必要があります。あなたが本書を手に取られたということは、現状に問題意識をもち改善したいという意識・意欲のあらわれですから、おそらくは普段からさまざまな方向にアンテナを張って情報をインプットされていることでしょう。

しかし、会社の業務なら「ここからここまで」とある程度は範囲が決まっていますが、インプットには終わりがありません。あれもこれもと手を広げすぎると時間がなくなり、情報収集がストレスになってしまいます。**だから学ぶ意欲がある人ほど、インプットも高速化・効率化を意識しなければなりません。**

私も変化の激しいＩＴ業界に身を置く経営者として、自分の業界だけではなく社会全体で何が起きているのか、世間の人は何に価値を感じるのか、今後はどんな技術・サービスが流行りそうかなど、幅広い分野の情報をつかんでおきたいと考えています。しかしその一方、就業時間中は本来の業務に集中し、休日は家族や趣味の時間をしっかり持ちたいという欲求もあります。そうなると必然的に、インプットのために使える時間は限られてきます。

いつ、何を、どうやってインプットするのが最も効率的だろうか――。

試行錯誤の結果、私は「ニュースサイト」「ビジネス誌」「ビジネス書」「ＳＮＳ」「テレビ」など各ツールの特色をふまえた最適なインプット法を編み出しました。

まず、**社会や業界の動向、トレンドなどについての速報は、ネットのニュースメディアから得る**ようにします。私の場合、一般的な経済ニュースは『日経オンライン』、広告・プロモーションに関する最新の事例は『PR　EDGE』、IT系のジャンクなネタは『gigazine』というように、硬軟あわせて30ほどのサイトをパソコンにブックマークして「ニュースサイトフォルダ」にまとめ、昼食後などの空き時間にざっと閲覧しています。

紙媒体では『日経ビジネス』のみ定期購読しています。〝広く浅く〟という印象はあるものの、マーケットや経済全体のトレンドを把握するには最適で、特集や分析記事などはビジネスの参考になることも多いです。

このほか**月10～20冊ほどビジネス書にも目を通します**。会社員時代はよく帰りの通勤電車で読んでいましたが、独立して通勤がなくなってからは、昼休みや寝る前の時間を読書にあてるようになりました。

ビジネス書や自己啓発書を速く読むコツは「前半重視」です。この手のジャンルの本は前半に肝となるネタが詰め込まれていて、後半はオプション的な内容になっていることが多いので、前半はじっくりと目を通しますが、後半は流し読みするか、見出しを拾い読みするくらい。このやり方なら、１冊１時間もかからず読了できます。

ちなみにデジタル好きな私ですが、本だけはアナログで読みたい気分が残っているので、自分の趣味や勉強のために読むときは「紙の本」を買っています。一方、ダイレクトに仕事に関わる本や、具体的なデータを参照したい場合はｋｉｎｄｌｅ版を購入します。ｋｉｎｄｌｅ版なら何冊でも持ち運ぶことができ、取引先や外注先の人にデータを見せながら説明できて便利だからです。

テレビはもはや情報収集ツールとしては時代にそぐわなくなりつつありますが、**テレビ東京の『カンブリア宮殿』や『ガイアの夜明け』は興味深いテーマが多く、ビジネスパーソンなら観る価値のある番組**だと思っています。とはいえ、決められた放送時間にテレビの前で待たなければならないのは苦痛なので、私は月額５５０円で「テレ東ビズ」の会員になっています。リアルタイムでの放送とちがってスキマ時間に視聴でき、アプリを使えば倍速再生もできるので、月額５５０円のモトは十分に取れると思います。

「専用アカウント」や「倍速再生」でSNSとの接触時間を減らす

本業であれ副業であれ、Ｗｅｂ制作やＹｏｕＴｕｂｅプロデュースなどトレンドの変化が激しい世界でビジネスをするためには、**Twitterをはじめとする SNSの活用が不可欠**になってきます。ただしＳＮＳには思わず読みたくなるような情報があふれているため、漠然と回遊していると際限なく時間を浪費してしまいます。

ですからＳＮＳで情報収集をする場合は「何をどう調べるか」という以前に、まずは「どうやってＳＮＳのやりすぎを回避するか」を考えてから臨む必要があります。

もっとも効果的なのは、**情報収集専用のアカウントをつくり、「今の時間はアカウントの切り替え厳禁！ チェックしていいのは情報収集専用アカウントだけ」とルールを決めて使う**ことです。私の場合でいえば、仮想通貨やブロックチェーンなど最新テクノロジーの情報収集に特化した専用のアカウントをつくり、有益な情報を発信している人だけを厳選してフォローし、チェックするようにしています。

こうすればムダな寄り道をすることなく、必要な情報だけに触れることができます。また、個人用のアカウントだと友人や趣味ジャンルでフォローした人の情報がタイムラインに流れてきて、肝心な情報が埋もれてしまうということがよくありますが、専用アカウントならその心配もありません。現在のTwitterはボタン1つでアカウントの切り替えができるようになっているので、テーマごとに専用アカウントを2〜3個用意しておくといいでしょう。

一方、私はYouTubeプロデュース事業も手掛けているため、類似チャンネルの研究やトレンド把握のためにYouTubeを頻繁に視聴しています。その際は、必ず**「2倍速」で再生し、通常の半分の時間で情報収集を終わらせる**ようにしています。再生速度は、動画再生中に右上に表示されるメニューボタンからいつでも変更可能です。

また、YouTubeにつきものの動画広告は、1本1本は短くても積もり積もればかなりの時間になるので、勉強や情報収集目的でYouTubeを使う人は、**広告なしで動画を再生できる「YouTube Premium」（月額1180円〜）に加入する**ことをオススメします。

アウトプットとインプットの無限ループで英語力を磨く

世の中の動きを「知識」として知っておくためのインプットであれば、動画を観たり文字を読むだけで十分ですが、試験勉強や語学の習得など、**情報を「記憶する」必要がある場合は「音読」が最も効率的**です。

以前よくニュースになっていたのでご存じの方もいらっしゃるでしょうが、楽天は10年ほど前から英語を社内公用語としていて、新卒社員でもＴＯＥＩＣ８００点程度の英語力が求められます。私は、いわゆる〝受験英語〟は身についていたものの、リスニングやスピーキングは苦手だったため、大学４年生のときに楽天から内定をもらった時点ではＴＯＥＩＣのスコアは４３０点ほどしかありませんでした。

しかし、そこから楽天基準をクリアすべく集中的に勉強した結果、２カ月で８１０点までスコアを伸ばすことができました。これは間違いなく「音読」のおかげです。

英語に限らず、**短期間で多くの情報を記憶したいときは音読するのが一番**です。ただ文字を読むだけだと、目が滑って内容が頭に入ってこないことがありますが、音読なら必然的に目の前の文章に集中することになります。

また、音読には「目で見る↓文字の内容を理解する↓声に出して読む↓その声を耳で聞く」という要素があり、脳のさまざまな領域で神経細胞を活性化するため、長期記憶に残りやすいということもわかっています。『脳トレ』で有名な東北大学加齢医学研究所川島隆太教授によると、音読すると脳が活性化するため、音読直後の記憶力は、何もしないときとくらべて20〜30%も増えるといいます。

私も学生時代から音読の効果を実感し、テスト勉強のときなど積極的に音読を採り入れてきました。**自分で声を出し、それを自分の耳で聞くということは、アウトプットとインプットが無限ループ状態になる**ということ。だからこそ音読された情報は、しっかりと記憶に刻まれるのです。

耳から情報をインプットするという意味では、本の内容をプロのナレーターが朗読してくれる**「オーディオブック」も便利**です。普通の読書と違ってページをめくる必要がないため、移動中、家事中、運動中などさまざまな場面で「ながら読書」ができ、さらなる時短につながります。オーディオブックを提供する業者は多くありますが、ビジネス書ならAmazonの品ぞろえがいいようです。

ただ私自身は、現在はオーディオブックを使うことはなくなりました。というのも、オーディオブックはアナウンサーが原稿を読むのと同じくらいの聴きとりやすいスピードで読み上げるので、1冊あたり3〜5時間、倍速で聴いても1・5〜2・5時間ほどかかります。先述のとおり、私はビジネス書なら1冊1時間くらいで読み終わるので、オーディオブックだと逆に時間がかかりすぎてしまうのです。

その代わりに、最近は「Voicy」をよく聴いています。Voicyはビジネスのプロや芸能人が音声配信を行っているラジオのようなメディアです。ジャンルは多岐にわたりますが、中でもビジネス系や自己啓発系のチャンネルが充実しているので、**耳から情報をインプットするには最適なメディア**といえます。私は移動中や作業中のBGMに、著名な経営者や投資家の放送を流しています。

column 3

人間にしかできない仕事をする

今後、どういった仕事が意味を成し、価値あるモノになっていくのでしょうか。

これからは人工知能やロボットなど、あらゆる分野で自動化が活用され、ますます人間が行う作業は代替されていきます。

具体的には「誰がやっても答えが同じになる仕事」というのは、プログラムが得意なジャンルなので、おそらく10年以内には完全になくなっているのではないかと思います。

わかりやすい例を挙げると「受注量や売上をエクセルに入力する作業」や「月間の数値管理作業」などは、この「誰がやっても答えが同じになる仕事」に該当し、まったく人の手が入らない自動化が今後ますます進んでいくことでしょう。

そんな社会にあって、人工知能やロボットにまかせることはまかせ、人間はより人間らしく、人間にしかできない仕事をしていく必要があります。

人類最初の仕事に立ち返り、創造的な仕事=遊びをとことん突き詰める。それこそがこれからの時代の仕事と向き合う上で、重要なことなのではないかと思います。

CHAPTER 3

第3章

仕事相手や同僚との時短コミュニケーション

GACHISOKU

結局、時間を一番奪う要因は「人」人の攻略は時間の攻略！

組織の中で働いていると、自分がいくら早く仕事を処理しても、早く仕事が終わるとは限りません。たいていの仕事には自分以外の「人」がからんできて、その人が動いてくれなければ仕事は進んでいかないからです。

私も数年間のサラリーマン生活をとおして**「結局のところ、最も時間を取られるのは人とのやり取りだ」**という結論に達しました。

それからというもの、私は「自分が速く仕事をする方法」だけではなく「人に速く仕事をさせる方法」についても考えるようになりました。

ところが、まわりの同僚はそうではありませんでした。日常的に「人に時間を奪われる」という被害にあいながら、それを「どうしようもないこと」だとあきらめている人が多かったのです。

「上司は忙しいから、返信が遅くなるのはしかたがない」。

「自分でコントロールできるのは自分のことだけ」。

「仕事が遅い人と同じチームになったのは、運が悪かったとあきらめるしかない」。

読者の中にも、そんなふうに考えている方がいるかもしれません。

実は、その認識はまったくの見当違いで、**人に時間を奪われることは断じて「どうしようもないこと」ではありません。**ほんの少し工夫をするだけで、上司や部下、外注先、クライアントにいたるまで、だれもが早く動いてくれるようになるのです。

私も新卒時代はそこまで気づくことができず、ずいぶんと時間を無駄にしていました。上司に確認のメールを送ったはいいけれど、待てど暮らせど返事がこない。上司のゴーサインが出なければ、外注先に指示を出すこともできず、何一つ作業が進まない。結局、上司から返信がくるまで2日にわたってその仕事を停滞させ、自分だけではなく外注先にも迷惑をかける――。そんなことが何度かありました。

このように「相手（上司）に早く動いてもらおう」という意識をもたず「なんとなく」でコミュニケーションを取っていると、相手のペースに巻き込まれてどんどん仕事が遅くなってしまいます。いくら自分がスピーディに動いたとしても「待ち」の時間がなくならない限り、仕事を早く進めることはできません。

本当の意味で仕事を早め、残業をなくすためには「対人」の攻略が不可欠なのです。

事前の「頭出し連絡」で相手の無意識に案件を刷り込ませる

では、自分だけではなく相手にも早く動いてもらうためには、何をどうすればいいのでしょうか？

答えは簡単、本書で何度も述べている「**脳の事前インプット法**」を使えばいいのです。**表の意識と裏の意識を同時にコントロールするこのテクニックは、自分だけではなく他人にも応用できる**のです。

その方法を具体的にみていきましょう。

たとえば、自分で考えた企画について上司の承認を得る必要がある場合、たいていの人は企画が固まった段階で上司に提出し、判断を仰ぎます。でも、この方法だとその場でOKが出ることはほとんどなく、たいていは「ちょっと考えさせて」などと言われて、返事まで数日を要することになります。

上司から一刻も早く返事をもらいたいなら、**企画が固まってからではなく、もっとラフな案の段階で一度、軽めに相談しておくのが効果的**です。

「今こんな企画を考えておりまして、細かいところまで決まったらまたご相談させていただきたいのですが、よろしいでしょうか」。

そんなふうにお伺いを立てたら「ダメだ」という上司はまずいません。そして後日、細かな企画案がまとまった段階で再度相談すると、だいたいはその場か、遅くても当日中にゴーサイン（もしくは「ここをこう直して」といった具体的な修正指示）をもらうことができるのです。

「企画が固まってから初めて相談するケース」と「ラフな案の段階で軽く相談するケース」とでは、なぜこうした差が出るのでしょうか？

どんな上司でも、**初めて聞いたことを判断するにはそれなりの時間が必要になりますが、二度目に聞いたことならスピーディに判断できます**。一度目の軽い相談＝「頭出し連絡」のときに聞いた情報が脳にインプットされ、無意識のうちにその是非について考えを巡らせているから、いざ正式に判断を求められたとき、すぐにゴーサインを出したり、「ここはもっとこうした方がいい」と具体的な指示を出したりすることができるのです。

なお、上司、部下、取引先など、**一緒に仕事をしているメンバーに「頭出し連絡」を行う際は、やや「悲観的」なニュアンスで伝えるのもポイント**です。

たとえば、コンペを通過できるかどうかわからないけれど、案件を取れた場合にそなえてメンバーのスケジュールを押さえておきたいとき、「たぶん決まるからスケジュール空けておいて！」などと言って期待値を上げてしまうと、案件が流れてしまったときチームの士気が下がります。

反対に「決まらない可能性も結構あるけど、念のため空けておいて」というように、実際の期待値よりも少し低めに伝えておけば、案件を取れたときの喜びが倍増するし、たとえダメになっても「まあ、しかたないね」という雰囲気になるので、フォローに時間がかかりません。

難しい価格交渉も「頭出し連絡」の応用でYesが取れる

頭出し連絡による事前インプットは、社内だけではなく外注先やクライアントなど社外の関係者に対しても応用できます。

中でも有効なのは「価格交渉」の場面です。クライアントとの交渉で最もかじ取りが難しい「**価格交渉」も、あらかじめ相手に情報をインプットしておけば、回答が早まるだけでなく、好意的な回答をもらえる可能性が高まる**のです。

たとえば新規のクライアントに商品やサービスの提案をするときは、初回の打ち合わせ時に先方の要望などをヒアリングし、二度目のミーティングで予算の交渉をするというパターンが多いと思います。

この二度目の場でいきなり「前回のご要望をふまえると、予算は200万円になります」と伝えると、相手は反射的に「高い」と感じてしまいます。たとえ妥当な見積もり額だとしても、顧客の頭の中には「相場よりも安いとうれしいな」という期待があるため、「期待よりは高い」と思われてしまうのです。

価格交渉をスムーズに進めたいなら、初回のヒアリング時にざっくりと相手の予算感を聞いておきましょう。そして「150万円から200万円くらいなら出せそう」と言われたら、「では次回までに、そのご予算内で用意してきます」と伝え、次の打ち合わせで200万円のプランを提案する。それなら相手も心構えができているので「高い」とショックを受けることもなく、すぐにご納得いただけます。

頭出し連絡は、プライベートな場面でも使えるテクニックです。

たとえば彼女と結婚しようということになったとき、本決まりになってから先方のご両親に挨拶に行くと、「そんな急に……」と渋い顔をされることがあります。

だから将来的に結婚する可能性があるなら、付き合っている段階で一度軽めに挨拶をしておく。すると親側も「この人と結婚するのかな」と心の準備ができるので、正式に結婚の挨拶に行ったとき、すぐに許諾をもらえます。私の友人も、この方法で難なく先方のご両親を攻略できたそうです。

クライアントとの価格交渉と同じで、身構える時間を与えてあげた方がスムーズに「Ｙｅｓ」を引き出せるというわけです。

一流は「二案」用意し、その場で選ばせる

さまざまな場面で応用が利く「頭出し連絡」ですが、相手があまりにも多忙な場合は、ラフな案の段階で頭出し連絡をしても脳にインプットされにくく、効果が出にくいという弱点があります。そんなときは**「二案作戦」**を試してみてください。

私はこのテクニックを楽天時代の上司から学びました。

楽天市場で新しいｗｅｂ企画を通すためには、部長や役員クラスの決裁が必要になります。しかしながら「上」の人たちは非常に忙しいため、ざっくりした案では真剣に取り合ってもらえません。

そんな中、私の上司である部長が、さらにその上の役員に企画案を持っていく場面に同席させてもらう機会がありました。そこで部長は何をしたかというと、**AとBの二案を持参し、その場で役員に選ばせた**のです。

「これこれこういう理由で二案用意しました。どちらがいいと思われますか？」

そう聞かれた役員は、しばし真剣に考えたのち「よし、A案でいこう」とその場で回答しました。

これがもし一案だけの提案だったら、どうなっていたでしょう。

役員の頭には反射的に「もっといいものができるのでは」「別の切り口からも考えてほしい」という思いがよぎり、「この案も悪くないけど、もう少し考えて1週間後にまた持ってきて」という流れになったのではないかと思います。

しかし部長は2つの案を用意することで、そうした「反射的なダメ出し」を封じて即決させた。それはつまり、**再提出のために要したかもしれない1週間をまるごと時短した**ということです。

そばで見ていた私は「これはすごくいい！」と感銘を受け、以後、部長と同じように二案作戦を実践するようになりました。

「AとBの二案を作るのは大変だから、その場でOKをもらえたとしても、トータルでかかる時間はプラマイゼロになるのでは」と思われるかもしれませんが、実は「二案目」を作るのはとても簡単なのです。

まず理解してほしいのは、二案用意するのはあくまでも「ダメ出しを防ぎ、その場でOKをもらうため」のテクニックだということです。どのみち片方はボツになるのだから、**A案とB案の両方に均等に力を入れる必要はありません**。

私の場合は「本命のA案」をしっかり作り込んだのち、それをアレンジして「当て馬のB案」を作ります。A案に割く労力が10だとしたら、B案には1の労力しかかけません。

アレンジの切り口としては「ターゲット」「予算」「デザイン」などが考えられます。大枠は同じでも「A案は若者向け、B案は30代向け」「A案は予算100万円、B案は予算150万円」「A案は赤ベースのデザイン、B案は青ベースのデザイン」など切り口を変えて提案すれば、相手は「どちらかといえば、こちらがいい」とその場で考え、回答してくれるでしょう。

ただし**A案B案それぞれに「理由」を用意することだけは忘れないでください**。「なぜその二案を作ったのか」「どういう理由で迷っているのか」を明確に説明できるようにしておかなければ、上司へのプレゼンテーションになりません。

もう1つ大事なポイントが、**提案書の「見た目」を変えること**です。たとえA案B案の中身が90%同じでも、提案書のぱっと見が違っていれば、相手は「ちゃんと二案も考えてきた」と認識してくれます。

提案書の「見た目」は写真やデザインなどのビジュアルで決まります。テキストはA案の流用でも、その脇に添えるイメージ写真を変えれば、それだけでガラッと違う印象になります。

具体的には、A案の提案書をコピーしたら①「20代向け」と書いてある部分を「30代向け」に直すなどテキストを少しだけ修正する、②文字のフォントや色を変える、③写真を変える――このわずか3ステップで「当て馬のB案」が完成します。**一案だけで勝負して作り直しや再考を命じられるくらいなら、短時間でチャチャッと二案目を作って持参する方が、ずっと時短になる**のです。

「ほとんど同じじゃないかと怒られそう」と心配する方もいるでしょうが、そもそもこの二案作戦は「脳への事前インプット」の効果が見込めないほど超多忙な上司向けのテクニックです。超多忙な上司は、部下の提案書を隅々までチェックするわけではないので、細かい部分を指摘される可能性はかなり低いと思われます。私もこの作戦を長く展開してきましたが、「A案もB案も大差ないね」などと指摘されたことは一度もありません。

A案

予算：500万円
デザイン：赤・セール感
月商目標：3000万円

〜ターゲット〜
年齢層：20代
性別：男性

B案

予算：150万円
デザイン：ナチュラル・お洒落
月商目標：1200万円

〜ターゲット〜
年齢層：30代
性別：女性

メールのテンプレートを使いこなし、時間を大幅短縮

社内外の人とコミュニケーションを取るツールとして、現状最も多く使われているのは「メール」でしょう。打ち合わせ日時の相談からスケジュールの確認・共有、企画案についての相談、制作物の納品まで、ビジネスにおけるあらゆる場面でメールは不可欠です。

一般社団法人日本ビジネスメール協会が日常的に仕事でメールを使っている人を対象に実施したアンケート調査「ビジネスメール実態調査2020」からは、ビジネスパーソンがいかにメールに翻弄され、多くの時間を奪われているかが見えてきます。

調査結果の一部を抜粋すると……

1日平均は送信「14・06通」、受信「50・12通」
メールの返信が遅れてしまうことがある人は66・81％
返信が遅れてしまう理由は「すぐに結論が出せない」が最多で52・07％
メールを読むのにかかる時間は平均1分19秒。1日66分メールを読んでいる

メールを書くのにかかる時間は平均5分54秒。1日82分57秒メールを書いている
自分のメールに不安を抱くことがある人は69・40%

いかがでしょうか。「メールは時間を食う」という自覚があった私でも、こうしていざ数値化されると「それほどか」と、あらためて衝撃を受けました。

この調査からは大きく2つの課題が見えてきます。

1つは、**メールの読み書きに時間がかかりすぎている**こと。そして2つ目は、**必要な返信をもらうのに時間がかかりすぎている**ことです。

まず1つ目の「メールの読み書きに時間がかかる問題」の解決策としては、仕事のメールというのは同じような文面を送るケースがほとんどなので、**オリジナルのテンプレートを作って登録しておくだけで、かなりの時間短縮が見込めます**。

Ｏｕｔｌｏｏｋの場合、手順は次のとおりです。

■メールのテンプレートを作成する手順

1. 新規メールを作成するのと同じ手順でテンプレート文章を入力する。

2. ［名前を付けて保存］↓［ファイルの種類］の一覧から［Ｏｕｔｌｏｏｋテンプレート］を選択する。

3. テンプレート名を考えて［ファイル名］として入力し［保存］する。（チームメンバー向け、納期交渉用など、わかりやすい名前をつけるのがポイント！）

■テンプレートを使ってメールを作成する手順

1. ［ホーム］メニューから［新しいアイテム］↓［その他のアイテム］↓［フォーム］を選択。

2. ダイアログボックスが表示されるので［フォルダーの場所］↓［ファイルシステム内のユーザーテンプレート］をクリックする。

3. 登録しておいたテンプレートが一覧で表示されるので、使いたいものを選んで［開く］をクリックする。

通常のメール作成と違い、テンプレートを使ってメールを作成する場合は何度か選択やクリックが必要になりますが、面倒に感じるのは最初だけで、慣れればどうってことはありません。むしろテンプレートを使い始めると、今まで毎回ゼロからメールを作成していたのがばかばかしく感じられるほど、メール作成がラクになります。

なお、テンプレートはOutlookだけではなくGメールやThunderbirdでも使えます。Yahoo!メールではテンプレート作成はできませんが、署名の登録は可能です。

メールのテンプレートは複数登録できるので、よく使うパターンをいくつか登録しておくのがいいでしょう。

その中に**ぜひ1つ入れておいてほしいのが「箇条書き」で確認をお願いするパターンのテンプレート**です。

確認してほしい内容が複数にわたる場合は、文章ではなく「箇条書き」で伝えるのがビジネスメールの鉄則です。込み入った内容を文章で説明するのは大変だし、長々と書いているといると「この文章ちょっと変じゃないかな」などと気になり出して、推敲にも時間がかか

宛先

件名

●●株式会社
●●様

お世話になっております。ダニエルズアーク大原です。
本日は、●●の件でご連絡いたしました。

下記、3点ご確認させてください。
（1）
（2）
（3）

ご確認とご返信を●月●日迄にいただけますでしょうか。
引き続きどうぞよろしくお願いいたします。

――――――――――――――――――
株式会社ダニエルズアーク
代表取締役 大原昌人
――――――――――――――――――

かってしまいます。また、メールを受け取る側にとっても、長文メールは「読みにくい」「何について返信すればいいのかわかりにくい」「重要なポイントを見落としがち」などデメリットばかりです。

そこで私の場合は、このような文面をテンプレートとして使っています。

このテンプレートはかなり使い勝手が良く、返信もスムーズにいただけるので、テンプレート作成の参考にしていただければ幸いです。

メールは短文で結論ファースト　YesかNoだけ答えさせる

次に、メールコミュニケーションにおける2つ目の課題についての対策、つまり「相手の返信を遅らせない」「メールコミュニケーションにおいて人から時間を奪われない」ためのテクニックをご紹介します。

結論から述べると、**メールは短文で結論ファースト、そして相手には極力「イエス」か「ノー」だけで答えさせるようにする**のです。

たとえば、来月の販促の企画案を上司に相談するケースでは、多くの人はこんな文面のメールを送ってしまいます。

宛先

件名

●●部長

お疲れ様です。

今朝のＭＴＧはどうもありがとうございました。

さて、来月の販促案について、どうしようかと考えております。

何かアイディアはないでしょうか。

お忙しいところ恐縮ですが、アドバイスをいただけると幸いです。

お手数ですがよろしくお願いいたします。

失礼いたします。

このメールの悪いところは、相談内容がざっくりしすぎであるうえ、相手に考える時間を与えてしまっているところです。これでは相手が悩む時間が長くなり、返信が遅れてしまいます。

では、どうすればいいのか。私ならこんなメールを送ります。

宛先
件名

●●部長

お疲れ様です。
手短に来月の販促案についてご相談です。
現在、A案とB案を考えているのですが、
下記いずれかの日程で相談させていただけないでしょうか。

・4月12日(月)10:00〜12:00
・4月14日(水)9:00〜11:00

よろしくお願いいたします。

この内容なら、相談された部長は「わかりました、では12日10時にしましょう」とだけ返信すればOKです。

「販促案について」というざっくりした相談ではなく、きちんとA案B案を考えていると伝えることで「できる部下だ」という印象を与えることもできます。さらに、このメールは「頭出し連絡」の役割も果たすので、後日の相談もスムーズに進むでしょう。

「時期切り」と「リマインド」で相手のレスを遅らせない

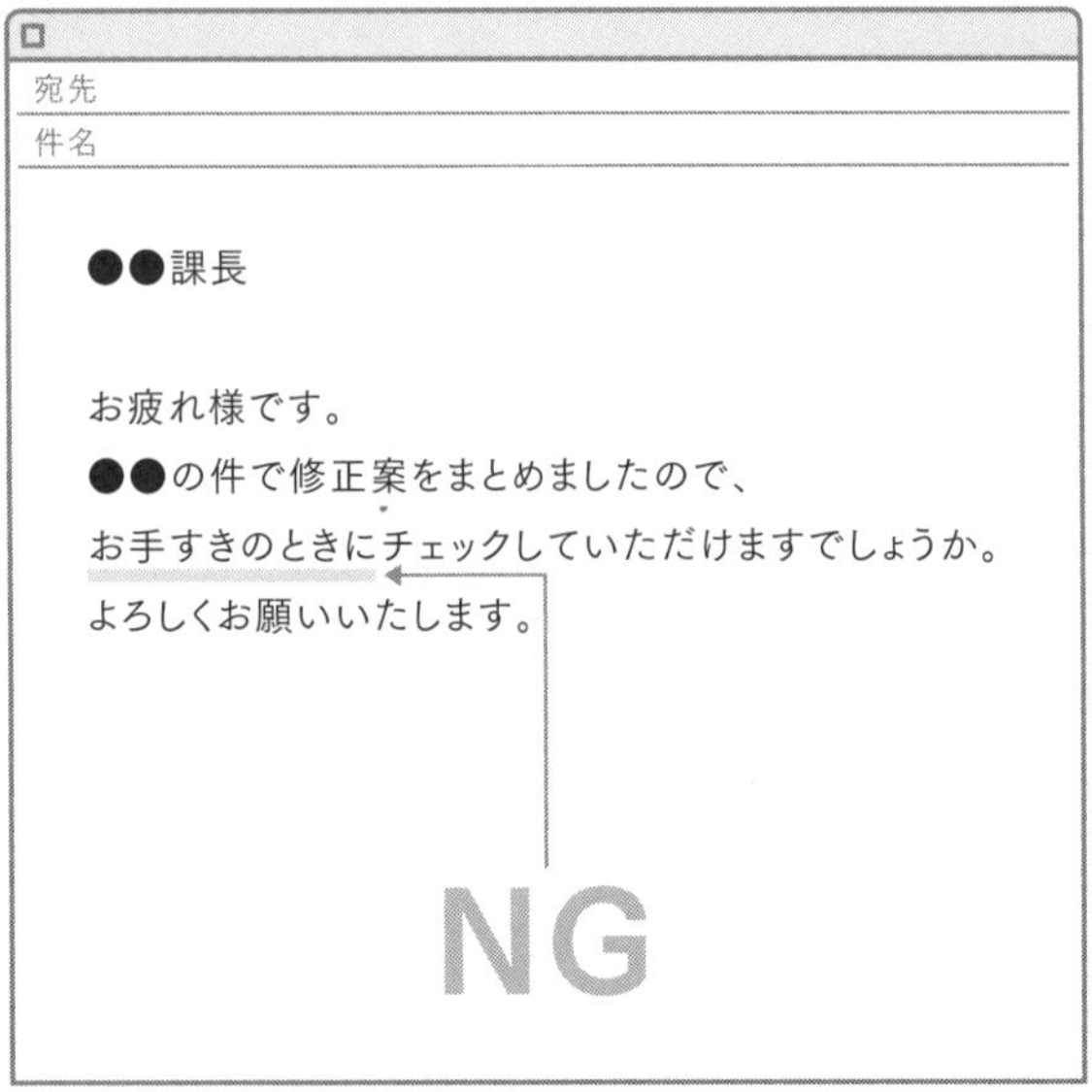

宛先
件名
●●課長
お疲れ様です。
●●の件で修正案をまとめましたので、
お手すきのときにチェックしていただけますでしょうか。
よろしくお願いいたします。
NG

社内外を問わず、メールで人とやり取りをする際に絶対に使ってほしくないNGワードがあります。それは「お手すきのときに」です。

これは20～30代の若手社員にありがちなメールです。自分より目上の相手を急かしてはいけないという配慮なのでしょうが、**「お手すきのときに」という言葉を使ってしまうと十中八九、その案件は停滞します。**

なにしろ、相手からいつ返事をもらえるかわからない。送った本人は「ほんの数分でチェックできる内容なのだから、すぐに返信してもらえるだろう」と思っていても、相手は「回答期限が決まっていないなら、先に急ぎの案件を処理しよう」と考えるので、あとまわしにされてしまいます。

その間、送った側は「いつ返信がくるんだろう」と気をもみ続け、結局は1~2日ほどたってから恐る恐る「例の件ですが、お返事はいつごろいただけますでしょうか」なんて催促のメールを送ることになる。そんなことをしていたら、時間も精神もすり減ってしまいます。

相手がクライアントの場合は、余計に気を付けなければなりません。私の仕事でいえば、請け負った制作物が完成した際はクライアントにチェックをしてもらう必要があるのですが、時期を指定せず「お手すきのときにチェックしてください」なんて伝えようものなら、1週間たっても返事がこないときもあります。クライアントはお金を払う立場なので、「お手すきのときに」と言われたら、その言葉を社交辞令ではなく当然の権利として受け止めるからです。

ですから**絶対に返信が必要なメールについては「お手すきのときに」ではなく「○月○日○時まで」と、明確に時期を指定しましょう。**

相手が上司やクライアントだと「時期を指定するのは失礼にあたるのでは」と心配になるかもしれませんが、社会人にとって時期を指定されるのは当然のことなので、締め切りの期限が常識の範囲内であれば、気にする必要はまったくありません。むしろ「お手すきのときに」と言っておいて、あとから「そろそろ返信いただけますか」的なメールを送る方がよっぽど失礼にあたります。

より確実に返信期限を守ってもらうためには「リマインドメール」での追撃が有効です。一度メールを見ただけでは、うっかり忘れていたり、日時を勘違いしている場合もあるからです。

ただしリマインドメールは文面に気を付けないと、それこそ相手に不快感を与えてしまうので注意が必要です。ちゃんと期日を守るつもりでいるのに「締め切りは明日ですが、大丈夫ですか」なんてメールが届いたら、失礼な、私を信用していないのか、と憤慨してしまいます。

では、失礼にあたらないリマインドメールとはどんなものなのでしょうか。

私なら、締め切りの前日あるいは当日の朝に、こんなメールを送ります。

宛先

件名

●●様

お世話になっております、大原です。
きょうは○○の件でご確認いただく日ですが、
お送りした資料でわかりにくい部分がありましたら、
お気軽にご連絡ください。
よろしくお願いいたします。

これなら「あなたが信用できないからリマインドしましたよ」ではなく、「私が送った資料がわかりにくいかもしれないので、念のため連絡しました」というニュアンスになるので、相手をイラっとさせることがありません。

ほかにも、次のように「何かのついで」にリマインドする体裁を取れば、いかにもリマインドという感じにならないのでオススメです。

・「なお、今日は●●の期日ですので、そちらもよろしくお願いします」※ちょっとした追加情報を送り、そのついでという体でリマインドする。

・「本日ご確認いただく予定の〇〇ですが、この××の部分がポイントとなるため、重点的に見ていただくといいかもしれません」

・「前回のメールでお伝えし忘れたのですが、本日ご確認いただく●●の件で、実はこんなことがありまして……」※案件の進行に直接関係ないネタを温存しておき、言い忘れていたという体でメールを送り、ついでにリマインドする。

リマインドは、一歩間違えると「催促」のニュアンスが強くなってしまいます。上司や先輩、クライアントなどにリマインドメールを送る際は、このような「リマインドっぽくないリマインド」になるよう心がけてください。

繰り返しになりますが、**メールで確認や質問をするときは明確に回答期限を指定し、かつリマインドで追撃する。**そうすれば返信が遅れることはまずありません。

「フィードバックの日時」まで細かく指定する

仕事を進めていく上では、納品→納品物に対するフィードバック（修正指示）→再納品というように、同じ相手と何往復もメールをやり取りすることがあります。その場合は、最初の納品日だけではなく**先々のスケジュールまであらかじめ共有しておくと、やり取りがスムーズに進みます**。

たとえば私がYouTubeの動画制作を外注先であるX社に依頼する際は、あらかじめ次のように約束を取りつけておきます。

・素材の共有（弊社→X社さん）6／1
・動画（初稿）の納品（X社さん→弊社）6／7
・動画（初稿）の修正フィードバック（弊社→X社さん）6／9
・動画（修正版）の納品（X社さん→弊社）6／11
・修正確認後、クライアントに最終納品 6／12

ポイントは、**納品日だけではなくフィードバックの日時まで決めておくこと**です。この部分を曖昧にしておくと、いざフィードバックを送っても「今日は担当者が不在です」「ほかの予定を入れてしまったので、対応は明日以降になります」となってしまう可能性があるからです。

自分がイメージするスケジュールで相手に動いてもらうためには「事前に」「明確に」スケジュールを共有しておくのがポイントです。私はこのやり方で仕事をして、締め切りを守ってもらえなかったことは一度もありません。

通常2カ月かかる大型企画を「わずか1週間」で実現

私は楽天時代、通常なら2カ月はかかる大規模web企画「熊本買って応援プロジェクト」をわずか1週間でリリースし、その功績から「楽天市場MVP：スピード部門賞」を受賞しました。これは「頭出し連絡による脳の事前インプット」をはじめ、本書で紹介しているさまざまなテクニックを総動員した成果です。

「熊本買って応援プロジェクト」は、2016年に発生した熊本地震の被災地を支援するための企画で、期間中に楽天市場で買い物をすると、1件につき10円分の資材が被災地に寄付されるというものでした。

通常、これだけの規模の企画を通すには2カ月ほどの準備期間が必要になるのですが、このときは私が独断で企画書を書きあげ、三木谷社長と楽天市場の執行役員に直接メールを送ってプレゼンしたところ、すぐに「よし、やってみよう！」という話になりました。

直訴メールからリリースまで1週間という超絶スピードで事を運ぶことができたのは、社長の「鶴の一声」のおかげではあるものの、私の時短テクも少なからず貢献したのではと自負しています。

まず、社長からゴーサインが出た時点では細かい企画内容まで決まっていなかったので、すぐさま直属の上司に**「こんな方向で考えています」と「頭出し連絡」**を行いました。その後も上司の決裁を仰ぐときは、つねに**A案B案の「二案作戦」**を展開し、その場で即決をもらいました。もちろん**メールは「イエスかノーか」の二択で答えられる文面**を心がけました。

こうした時短テクに加え、楽天が「見切り発車を歓迎する社風」だったこともプラスに作用しました。

良いアイディアを思いついても、すぐに動き出さない人や組織は、おそらく「もっと時間をかければ、もっと良いものができる」と思っているのでしょう。でも実際は、「とりあえずやってみよう」と見切り発車でスタートするのも、1〜2カ月かけてじっくり揉んでからスタートするのも、方向性やクオリティはそこまで変わらなかったりします。**倍の時間をかけたからといって、クオリティが倍になるわけではない**のです。

慎重派の人びとは、過去の成果を振り返って「時間をかけて練ったからこそ良いものができたのだ」と考えがちですが、その認識は正しくありません。良いものができたのは、時間をかけたからではなく、そもそものアイディアが良かったからです。そのアイディアなら、時間をかけずに短時間でチャチャッと仕上げたとしても、同じくらいのクオリティになっていたはずです。もしかしたら、早く仕上げた分だけ、さらに多くの収益を生んでいたかもしれません。

もちろん、時間をかければクオリティは「多少は」上がります。でも90点が95点になったからといって、売上や効果はそこまで変わらないのではないでしょうか。

それよりも現代では、時間が遅くなるリスクの方がずっと深刻です。変化のスピードが速い時代には、1カ月かけて95点のものをつくるよりも、1週間で90点のものをつくる方が、はるかに大きな利益を生むのです。

社内会議は事前に議題を「3つの箇条書き」で共有し、30分以内で

業務を行う上で「会議」は欠かせないものですが、「会議が長すぎて辟易する」という声はよく聞かれます。とくに参加者が多い会議は、すぐ関係ない話に脱線し、ダラダラと時間ばかりかかってしまいがちです。

私も楽天市場で楽天スーパーSALEのプロデューサーを務めていた頃は、営業チームに企画を伝達したり、制作チームと進捗を確認したりするために、毎日のように会議を主催していました。楽天には「会議は30分まで」という決まりがあり、ダラダラ会議をよしとしない風土があったので、普通の会社にくらべたら多少マシだったのでしょうが、それでも気を抜くと会議はズルズルと長引き、何も決まらないまま終わってしまうこともありました。

結論を次回に持ち越すとなれば、時間をおいてまた同じメンバーを招集して会議を開かなければなりません。メンバーはそれぞれ忙しいので、みんなで集まれるのは1週間後ということも考えられます。その時間はムダ以外の何物でもありません。

そこで私は、会議を30分以内に終わらせ、かつ確実に結論を出せるよう「脳の事前インプット法」を使うことにしました。

まず、**会議の目的や論点を最大3つに絞って箇条書きにし、会議の前日、参加者にメールで通達**します。会議のゴールを明確にするとともに、参加者に無意識のうちに議題について考えてもらえるように「頭出し連絡」をしておくわけです。

そして**会議の冒頭、再びその「3か条」を読み上げて会議の目的や論点を強調**します。さらにダメ押しでホワイトボードにも「3か条」を書き出してつねに見えるようにしておけば、会議中ずっと意識がそれることなく、議題に集中して話し合うことができます。

ホワイトボードではなくプロジェクタを使う会議室では、パソコンのメモ帳などに「3か条」を書いて表示します。パワーポイントを使って話を進めていくなら、パワーポイントを全画面表示にせず、「3か条」を書いたメモ帳とパワポの両方を表示させながら会議を進めていきます。

可能であれば、**それぞれの議題についての確定情報を、ホワイトボードやメモ帳に追記していきましょう**。そうすれば参加者全員が進捗を確認しながら会議に臨めるし、会議後はそれをそのまま議事録として活用することができます。

「会議のための会議」や「ブレストのための会議」は中止せよ

会議の中には、長いだけではなく「そもそも開く必要はあるのか？」と言いたくなるようなものも少なくありません。自分が会議を招集する立場にある方は、一度立ち止まって「この会議は本当に必要か」「この人数を集める必要があるのか」「メールで済むのではないか」を考えてみてください。

省略してもいい会議の筆頭は「マナーとしての会議」「アリバイづくりのための会議」です。たとえば「○○について部長の耳にもしっかりと伝えましたよ」という証拠を残したいがために、部長を含めた大人数の前で○○の件を報告する——。そんな前時代的な会議は、今すぐやめてしまいましょう。アリバイ作りが目的でなくても、**単なる報告や進捗**

の共有であれば、メールやチャットで事足りることがほとんどです。

「うちはそこまで古い体質の会社ではないから大丈夫」と思われた方もいるでしょうが、実はイマドキの会社でも、不毛な会議に時間を食われている可能性があります。それが「ブレスト会議」です。

ブレスト会議とは、形式ばらないラフな雰囲気のもとで、参加者が自由にアイディアを出し合う会議のことです。私も楽天時代は幾度となくブレスト会議に出席しましたが、内心では「こんなことをしても、あまり意味がないのでは……」と感じていました。

というのも、ブレストというのは本来「気の置けない同僚とコーヒーを飲みながら」「チームメンバーとの飲み会の席で」というように、雑談の延長といったシチュエーションで自然発生するからこそ意味があるのであって、半強制的に集められて「さあ、今から自由にブレストしてください！」と言われても、本当の意味でのブレストにはならないと思うのです。実際、楽天のブレスト会議でも「すごくいいアイディアが出た」という記憶はなく、「よくわからないまま終わった」「結論らしきものは出なかった」というものばかりでした。

もし**部下や社員から自由にアイディアを募りたいのであれば、ブレスト会議を開くよりも、「社長直通メール」など「上層部に直接提案できる制度」を用意しておく方がずっと効果的**だと思います。先述の「熊本応援プロジェクト」はまさにその産物で、三木谷社長が全体会議で毎回のように「いいアイディアがあったら直接メールして」とおっしゃるので直訴メールを送ってみたところ、本当にアイディアを拾ってもらえたのです。

早ければいいとは限らない　信頼を高める「最適なタイミング」とは

序章で述べたように、現代社会ではスピードこそが最大の評価軸であって、仕事が早い人と遅い人がいたならば、間違いなく前者の方が高く評価されます。

ただし、すべてにおいて「早い方が好印象」というわけではないのでご注意ください。

見積書や請求書の作成、入金処理、簡単なメールへの返答など**事務的な作業は、早ければ早いに越したことはありません。**自分の身に置き換えてみても、「見積もりを出して」

とお願いしたら即日対応してくれる人と、何日もかかる人がいたら、仕事が早い方に担当になってほしいと思うでしょう。

気を付けたいのは「アイディアやクリエイティビティが求められる仕事」の場合です。作業スピードが速い人は、納期よりもかなり前に仕上げてしまうことがあるでしょうが、早くできたからといって馬鹿正直に早く納品すると、高確率で「もっとよく考えて」などと差し戻され、かえって長引いてしまいます。納品があまりにも早すぎると、受け取った側は「早くてうれしい」よりも「あまり考えないで、チャチャッと作ったのではないか」という疑心にかられ、普段以上に厳しい目でチェックするからです。

かといって締め切り当日など、ギリギリで納品するのもよくありません。期日を守ることは社会人として当たり前のことなので、締め切りギリギリではマイナスにならない代わりにプラスの印象にもなりません。「仕事が丁寧で、かつ対応も早い」という最高評価を得るためには、**締め切りの前日など、相手が「あ、予定より早くくれたな」と思うくらいのタイミングで納品するのがベスト**です。

同じように、ミーティング中にいいアイディアが浮かんだとしても、急を要する案件でなければ、すぐに口に出すのは避けた方がいいでしょう。その場で言ってしまえば「単なる思いつき」と思われる可能性がありますが、次のミーティングまで持ち越して発表すれば「時間をかけて考えてくれたんだな」という印象が強くなります。

仕事が早いと、クライアントからの「無茶振り」がチャンスに変わる

仕事をしていると、クライアントから無茶なスケジュールを押し付けられることがあります。ほとんどの人は「嫌だな」と思うでしょうし、中には「無理です」と断る人もいるでしょうが、私は「これはチャンスだ！」とうれしくなります。

本書ではここまで「IT社長」を自称していた私ですが、実はプロカメラマン「PHOTO DANIEL」としても活動しています。過去にはイタリアVOGUEの運営するPHOTOVOGUEに作品が掲載されたこともあり、今でも広告の撮影は事業の柱の1

つとなっています。

そんな私のもとに少し前、某大手化粧品メーカーから「大型の広告撮影を2週間後にやってほしい」という打診がありました。

他業界の方にはイメージしにくいかもしれませんが、これはかなり無茶なスケジュールです。ものすごく小さな撮影ならともかく、大型の広告案件ともなれば、大型スタジオを押さえ、モデルやヘアメイク、スタイリストも複数名手配しなければなりません。スタジオもスタッフも2週間前ではほとんどスケジュールが埋まっているので、空きを探すのはひと苦労です。

しかし私は喜んで仕事を引き受けました。自分の仕事の速さに自信があったからです。そして実際、2日後にはすべてのスタッフとスタジオの手配が完了し、当日の撮影もつつがなく完遂することができました。

先方も素人ではないので、2週間前というタイミングで大型の広告案件を依頼するのがいかに無茶であるかは重々承知しています。そんな無茶な依頼を快く引き受け、スマートに対応して見せれば、感謝されないわけがありません。某大手化粧品メーカーからは、その後も継続的に好条件で受注をいただけるようになりました。

言うまでもなく、無茶なスケジュールに対応するには仕事が速くなければなりません。もし私が仕事の遅い人間だったら「できません」と断るか、無理して請け負ったものの結局対応できず、信頼を失うことになったでしょう。

無茶振りという「チャンス」を逃さないためにも、普段から仕事のスピードを磨いておくことが大事なのです。

古臭いが効果絶大「初回だけ対面」を最大限に活かす「手土産作戦」

ひと昔前まで、初対面の人同士が一緒に仕事をするためには「アイスブレイク」が必須だと考えられていました。

アイスブレイクのアイスは「氷」、ブレイクは「打ち砕く」という意味で、ビジネスの世界では「初対面の人同士の緊張を解きほぐす」という意味で使われます。

アイスブレイクとして自己紹介や簡単なゲームをすることもありますが、一番多いのは「雑談」でしょう。対面してから本題に入るまでの5分、10分ほど「いい天気ですね」「最近めっきり寒くなりましたね」「眺めのいいオフィスですね」「このエリアだとランチはどこへ行きますか」など他愛もない雑談を重ねる、あの行為がアイスブレイクにあたります。

私は勤め人だった頃からアイスブレイクが苦痛でした。とくべつ口下手というわけではないので、やろうと思えばできるのですが、「それをして何の意味がある？　時間のムダではないか」と思えてしまい、どうにも身が入らないのです。

そもそも5分、10分と雑談をしたところで、相手と仲良くなるかといえば、なりません。ちょっと緊張がほぐれるくらいの効果はあるでしょうが、それはなにもアイスブレイクに時間を割かなくても、普通に商談を進めていけば、徐々にアイスは溶けていくものです。

それに、仮に相手と仲良くなったとしても、それがビジネス上プラスに働くとは限りません。仲良くなったことで、逆に言いたいことが言いにくくなることもあるでしょう。

ところが日本社会にはアイスブレイクへの信仰が根強くあって、初対面の相手と「雑談しない」という選択肢は、ないに等しいものでした。アイスブレイクが苦手な人にとっては、なかなか面倒な社会でした。

しかし、次章のメインテーマでもある「オンライン会議」が普及したことで様相は一変しました。

オンライン会議は移動が不要なので、「会議が終わった10分後に次の打ち合わせ」というように、分刻みで予定を入れる人が増えました。そうなると、会議時間を延長するわけにはいきません。時間内に会議を終わらせるため、必然的にアイスブレイクの時間は削られ、いきなり本題に入ることが増えました。私のようなアイスブレイク嫌いの人間にとっては、うれしい変化といえます。

とはいえ、すべての会議や打ち合わせがオンラインになったわけではありません。とくに初対面の場合は、最初だけでも直接会って顔合わせをしておいた方がお互いの〝人となり〟がなんとなくわかり、安心して仕事ができる——その感覚は私にもあるため、大事な相手に対しては「ぜひ対面で」とお願いすることもあります。

ただ私の場合、対面でお会いするのは本当に「初回だけ」で、2回目以降はオンラインでのやり取りが中心になります。だからこそ、その一度きりの対面を最大限に活かしたいという思いがあります。

だから私は、**これから長いお付き合いになりそうな相手や、ほぼほぼ受注が決まりそうなクライアントに対しては、初回の顔合わせのときに「手土産」を持参**します。

これは以前お世話になっていた出版塾の代表から学んだテクニックで、彼は出版社まわりをするときに「今回の本もよろしく」と言って、必ず菓子折りを渡すのです。

正直にいえば、最初にその様子を目の当たりにしたときは、ちょっと嫌らしいな、と思ってしまいました。下心が透けて見えるというか、「そこまでしなくても」と、少し引いてしまう感覚がありました。

ただ、よくよく観察してみると、**菓子折りをもらって嫌な顔をする人は1人もいない**のです。みんな「悪いですね」などと言いながらも「では職場のみんなでいただきます」と、うれしそうに受け取ってくれるのです。

「もしかしたら、これは究極の時短コミュニケーションかもしれない」と思いました。

効果が出るかどうかわからないアイスブレイクに時間を割くよりも、確実に喜んでもらえる手土産作戦を実行した方が、よりスピーディに人間関係を構築できる――。

私はそう結論づけ、以後、代表の「手土産作戦」をマネさせていただいているのです。時代に逆行するようなやり方ではあるのですが、そんな古風なことをしそうにない若手の私があえてそれをやるとインパクトが強いようで、今のところどんなアイスブレイクよりも相手に刺さるなという手ごたえを感じています。

column4

「名前をつける」という行為とは？

ヨーロッパのバチカン美術館に「エデンの園」という作品があります。聖書を舞台に描かれた最初の人類アダムとイブが、広大な自然の中、あらゆる動物や花、木の実に囲まれている、そんな絵です。

その絵画のもととなった聖書の創世記を紐解いてみると、最初の人類アダムの仕事の様子が描かれた一節があります。それは、端的にまとめると、このような内容です。

「神は、野のあらゆる獣や空の鳥を土で形づくり、アダムがどんな名前をつけるか見ていた。アダムが生き物につける名はすべて、それがその名となった」。

これは、とても不思議で、神秘的で、考えさせられる一節ではないでしょうか。

聖書の中には、神が最初に作った人類アダムの初期の仕事は、あらゆる生き物に名前をつける行為だった、と書かれているのです。

そう、あくまで想像の話ですが、「名前をつける」という行為は、ある意味最も重要で、最も創造的な、人類の初めての仕事だったのかもしれません。

CHAPTER 4

第4章

オンライン時代の時短テクニック

GACHISOKU

チャットツールを活用し、チームでの仕事スピードアップ

あなたは普段、社内外の人とどんな方法でやり取りをしていますか？　前出の「ビジネスメール実態調査２０２０」によると、仕事で使っている主なコミュニケーション手段の第1位は「メール」で、利用率はなんと99・1％にのぼるそうです。

しかしその一方、近年はメールの代わりにビジネス向けのチャットツールを導入する企業もじわじわと増えています。２０１８年に総務省が行った調査では、日本でチャットを導入している企業は23・7％にとどまるものの、利用している人は利用していない人よりも「働きやすい」と感じる割合が高かったといいます。

チャットを使うと働きやすさがアップするのは、チャットがそれだけ優れた時短ツールだからでしょう。

メールの場合は「お疲れさまです」「お世話になっております」といった挨拶を入れないと失礼にあたりますが、チャットでは形式的な挨拶やマナーは不要で、いきなり「○○の件ですが」と本題に入ることができ、サクサク話が進みます。ドラッグアンドドロップで簡単に画像や資料を添付できるのもうれしいポイントです。

また、メールは1対1のやり取りが基本で、多くの人に送るときはその都度CCやBCCに宛先を追加しなければなりませんが、チャットの場合はあらかじめグループを作っておけば、いちいち宛先を指定しなくてもすぐに送れます。つまりチャットは複数のチームメンバーと仕事を進めていく上で、とても便利なツールなのです。

「うちの会社では使っていないけど興味がある」という方は、まずは上司の許可を得た上で、自分たちのチーム内で使ってみてはどうでしょうか。ほとんどのチャットツールは無料版が用意されているので、ノーリスクで試すことができます。

仲間内で使って便利さを実感できたら、ほかのチームにも教えたり、会社全体での導入を上層部に提案したりして発展させていきましょう。**社内でチャットツールを使う人が増えれば増えるほど、仕事はラクに、そしてスピーディになっていきます。**

では、どのチャットツールを選べばいいか——。

数あるビジネス向けチャットツールの中でも〝鉄板〟といっていいのが**「チャットワーク」と「Slack（スラック）」**です。

チャットワークは日本生まれのサービスで、ITにあまり詳しくない人でも使いやすいことから、幅広い業界で導入されています。IDさえわかっていれば、社外の人とも簡単にやり取りができるのも特徴です。

一方のスラックは米国企業が開発した世界標準のツールで、機能が豊富で拡張性が高いことから、IT系企業で多く導入されています。

いずれも基本的な性能はひととおり備えているので、これから導入するなら、チャットワークかスラックのどちらかを選んでおけば間違いありません。

なお、どちらのツールもブラウザでアクセスして使うWeb版と、パソコンやスマホにダウンロード&インストールして使うアプリ版が用意されています。基本的な使い方は大差ないものの、アプリ版の方がより機能が充実していてパソコンへの負荷も少ないため、まずはWeb版で試してみて、本格的に使いたいと思ったらアプリを落とすのがいいでしょう。

相手や内容によってコミュニケーションツールを使い分ける

うまく使えば強力な時短ツールとなるチャットですが、ときには「メール」や「電話」

の方が望ましい場面もあります。

なぜなら、チャットは「即レス」が基本なので、すぐに答えられる内容には向いていますが、**熟考してもらう必要がある場合はメールを選んだ方が、相手に余計なプレッシャーをかけずに済みます。**具体的な基準としては、考える時間が1分以上かかりそうな場合は、チャットではなくメールを使うのがいいでしょう。ただしメールの場合は「何月何日何時までにご回答ください」と期限を切るのを忘れないでください。

また、複雑な内容を整理して伝えたいとき——たとえば「この資料について、以下の5点をご確認ください」などというケースも、チャットよりメールが向いています。

相手がお堅いクライアントで、かしこまった対応が求められる場合なども、気軽さが売りのチャットではなく、従来どおりメールで挨拶文を交えてやり取りをした方が間違いないでしょう。

では、電話の出番はいつなのか——。

現在の私は、仕事で電話を使うことはほとんどありません。電話だと、頭の中で情報を整理して回答するのが難しく感じるからです。そんな中、唯一、**電話の方が便利だと思う**

のは「相手の理解度を確認するとき」です。

たとえばWebデザインの実務を外注スタッフにお願いするときは、最初にデザインの意図をまとめたデザイン指示書をメールで送り、その後、電話であらためて指示書の内容を説明します。微妙な温度感やニュアンスはメールよりも電話の方が伝えやすいし、話しているうちに相手が「そういえば、ここ聞いておきたかったんですが……」などと質問してくれることも多いので、曖昧なまま作業を進めてしまう事態も回避できます。

ここで電話をかけずにメールだけで済ませようとすると、長文メールを何度もやり取りする必要が生じ、かなり時間がかかってしまいます。

最近は私と同じように電話に苦手意識をもつ人が多いと聞きますが、ビジネスをしていると「何だかんだ言っても電話するのが一番手っ取り早い」という場面は必ずあります。**かたくなに電話を回避しようとすると時間をロスすることになる**ので、そこはいさぎよく電話をかけるようにしたいものです。

オンライン会議ツールを使いこなそう

私は2018年頃からZoomをはじめとするオンライン会議ツールを使い始め、その便利さに感動していました。ただ、当時はまだ一部のIT系やWeb系の企業にしか認知されておらず、使えるシーンは限られていました。日本でこうしたツールが一般的になるのはまだまだ先かと思っていましたが、新型コロナウイルス感染症の拡大防止という思いがけない理由によってZoomが一気に普及したのは、まさに怪我の功名というほかありません。

オンラインで会議や商談を行う最大の利点は、移動にかかる時間を丸ごと短縮できることです。

相手の会社まで出向いて対面のミーティングを行うとなれば、「10分前には現地に着いておこう」「最寄り駅からは徒歩5分だが、念のため10分みておこう」などつねにバッファを持たせて行動するため、たった1時間のミーティングをするために、2時間も3時間も時間が潰れてしまうことがよくあります。

これをオンラインで行うことができれば、それだけでとてつもない時間の節約になります。私自身、対面でのミーティングが中心だった時代は、アポイントはどんなにがんばっても1日3件が限界でしたが、オンラインへの移行後は、最大で1日7件のミーティングができた日もあります。なにしろ会議が終わった5分後には次の会議を入れられるのだから、無駄がありません。リアル会議では絶対にできない芸当です。

「身内のミーティングならともかく、顧客との商談をオンラインで済ませるわけにはいかない」。

「リモートワークができるのはエンジニアや事務職だけじゃないか」。

日本ではいまだにそんな声も聞かれますが、それが思い込みに過ぎないことを、ある大手企業が証明してくれました。

『日経ビジネス』(2021・5・3号)によると、**携帯キャリア大手のソフトバンクが営業活動をオンライン化した結果、リアルで商談を行っていたときにくらべて顧客コンタクト数がなんと5倍にアップした**そうです。

しかも、オンライン商談はリアルの商談と違って「途中で入室/退室してもさほど失礼にあたらない」と考えられているため、上司はリアルのときよりも気軽に部下の商談に同席してサポートすることができます。それが功を奏したのか、ソフトバンクでは商談がオンラインになったからといって、成約率が大きく下がることはなかったといいます。

このことからも、オンライン会議システムはコロナ禍を乗り切るための一時的な代用ツールではなく、時間を有効に使うために、今後も積極的に活用すべきツールであることがわかります。

オンライン会議ツールにもいくつか種類がありますが、参加するメンバー全員に同じツールを使ってもらう必要があるため、導入の際は「シェアが高いツール」もしくは「自分が所属する業界でよく使われているツール」を選ぶのが鉄則です。

日本ではZoomのシェアが圧倒的に高いので、とくに理由がない限り、あえてほかのツールを選ぶ必要はないでしょう。私もいろいろな業界の人とオンラインでミーティングをしていますが、ほとんどZoomで事足りています。

Zoom以外で使う可能性があるのは**「Microsoft Teams」や「Google Meet」**あたりでしょうか。無料版の場合、Zoomが1会議あたり最大40分しか使えないのに対して、TeamsとGoogle Meetは60分まで使えるので、無料で長めの会議をしたいときはこちらを選ぶのがいいかもしれません。また、Teamsはワード、エクセル、パワーポイントといったオフィスアプリケーションと連携しやすく、Google Meetはセキュリティ対策が強いといった特色もあります。

オンライン会議の録画と共有で「議事録」や「メール共有」を時短

オンライン会議ツールの魅力は、移動時間をなくせることだけではありません。ある機能を使うことで、議事録を作成・共有する手間もゼロにすることができるのです。

その機能とは「レコーディング機能」です。**会議をレコーディング（録画・録音）してそのデータを共有すれば、わざわざテキストで議事録をまとめたり、メンバーを集めて説明したりする必要はなくなります。**

といっても、会議の最初から最後まで通してレコーディングするというわけではありません。毎回そんなことをしていたらパソコンのメモリがあっという間にいっぱいになってしまうし、そもそもそんな長いデータを見直すのは時間の無駄です。

録画・録音するのは「最後の2分間」だけでかまいません。話し合いが終わって何らかの結論が出たら、カメラに向かって「今のミーティングで決まったことが3つあるので、チームメンバーの皆さんに共有します。まず1つ目は、イベントの日時に関して……」といった具合に、**その会議で決まったことを2分間くらいにまとめて話してレコーディング**

し、**メンバーに共有する**のです。決定事項を文章にまとめることを考えたら、はるかに楽で効率的だし、共有される側のメンバーにとっても、わずか2分間で会議の全容を知ることができるので時短になります。

なお、レコーディングの方法は使用するオンライン会議ツールによって多少異なります。もっとも簡単なのがZoomで、ミーティング画面に表示されるメニューから「レコーディング」をクリックするだけで録画が始まります。基本的にレコーディングができるのはミーティングのホスト（主催者）だけですが、ホストがゲスト（参加者）に録画の許可を出せば、ゲストでも録画が可能になります。また、無料版だと自分のパソコンにデータを保存する「ローカルレコーディング」しか選べませんが、有料版になるとクラウドに保存できるようになります。

「Microsoft Teams」と「Google Meet」では、どちらも無料版ではレコーディングができないので注意してください。

オンライン会議中こそ「内職」を！　見えない手元で仕事をするべし

オンラインかオフラインかを問わず、会議に参加する人数が多くなると、必然的に「自分とはあまり関係のない話題」に付き合う時間が長くなります。それは正直なところ退屈であまり意味がない時間ですから、「この隙に別の作業を進めたい」と思っている人もいるでしょう。

しかし言うまでもなく、リアルな会議では監視の目があるので、いくら退屈でも「内職」をするわけにはいきません。コソコソ関係のない作業をしているのがバレたら「ふまじめだ」「失礼だ」というレッテルを貼られてしまいます。

でも、本当に「内職」は悪いことなのでしょうか？

私はそうは思いません。聞いても聞かなくてもどちらでもいいような話に付き合って無意味な時間を過ごすくらいなら、せっせと別の仕事を進めておいた方が、自分だけではなく会社にとってもメリットになるはずです。

その点、オンライン会議は便利です。なにしろ手元で別の作業をしていても他の人にはわからないのです。

だから**オンライン会議の場合は、存分に手元で内職をしてしまいましょう。**あなたが効率的に働くことは、巡り巡って会社の利益になるのだから、罪悪感を覚える必要はありません。

とはいえ、会議の出席者である以上は、完全に内職に集中するのは避けてください。話題が変わったり、いきなり「○○さんはどう思う？」などと話を振られる可能性もあるので、意識の3分の1くらいは会議に向けておかなければなりません。

となると、できる内職は限られてきます。オススメは数値入力などの単純な事務作業や、別の案件の資料のチェック、頭を使わずに手先だけでできるメールの返信といったところです。企画書を作るなど、集中力を要する作業は内職向きではありません。

共同編集ツールでオンライン効率が劇的アップ

リアルの会議では、論点がずれないようホワイトボードにアジェンダを書き出して可視化したり、参加者の発言内容を板書したり、アイディアをメモするなどして、議題や進捗状況を整理・共有しながら話し合いを進めていきます。「オンライン会議ではそれができないから不便だ」と思っている方もいるようですが、実はオンライン会議でもそれと同じ、いや、それ以上のことができるのです。

オンライン会議でホワイトボード＋αの役割を果たすのが「Ｇｏｏｇｌｅドキュメント」と「Ｇｏｏｇｌｅスプレッドシート」です。

「Ｇｏｏｇｌｅドキュメント」はマイクロソフトでいうところのワード、「Ｇｏｏｇｌｅスプレッドシート」はエクセルにあたるものですが、ｗｅｂブラウザ上で動くソフトのため、オンライン会議との相性が抜群にいいのです。

なぜワードやエクセルがオンライン向きではないかといえば、オフィス系ソフトは自分のパソコン上にファイルを保存するからです。それをホワイトボード代わりにしようと思ったら、変更を加えるたびにメールなどでメンバーに共有する必要があって手間がかかるうえ、編集できるのは1人の書記係に限定されます。

一方、Ｇｏｏｇｌｅドキュメントやスプレッドシートはクラウドでファイルを管理するため、ＵＲＬを知らせるだけで簡単にファイルを共有でき、しかも複数人が同時にリアルタイムで編集することができます。さらに「いま現在だれがファイルを見ているかわかる」「保存ボタンを押さなくても自動的に変更履歴が記録される」など、オフィス系ソフトにはない多様な機能があるため、**オンライン会議の参加者全員がホワイトボード感覚で気軽に書き込むことができる**のです。

書き込んだファイルは、議事録として使うこともできます。ただし、会議に参加していないメンバーにも共有する場合は、乱雑なメモのままだとわかりにくいため、話し合いの結論や「いつ、だれが、何をするか」といった次のアクションにつながる情報を簡単にまとめて追記してから共有するのがいいでしょう。

なお、オフィスソフトはパソコンにソフトをインストールしないと使えませんが、ＧｏｏｇｌｅドキュメントおよびスプレッドシートはＧｏｏｇｌｅアカウントを取得後、専用のページにログインするだけですぐに使えます。ネット環境さえあればいつでも、どこでも、パソコンだけではなくスマホやタブレットからでも操作できるのです。

私も制作チームとミーティングを行う際は、必ずＧｏｏｇｌｅドキュメントやスプレッドシートを使うようにしています。とくに５人以上のミーティングでは参加者の意見が散らばって混乱しがちなので、Ｇｏｏｇｌｅドキュメントにそれぞれの意見を書き込んでもらう。すると、だれが何を主張し、何に反対しているのかひと目でわかるので、議論がスムーズに進みます。

Googleドキュメントは、意見のとりまとめだけではなく日程調整が必要な場面でも力を発揮します。

複数のメンバー間で日程を調整する場合、口頭で希望日を聞いていくだけだとわけがわからなくなりますが、

大原：10月3日、5日、6日
山田：10月4日、6日
鈴木：10月3日、4日、6日

このように希望日を文字にまとめて共有すれば「6日なら全員OKですね」というようにサクサク話が進みます。

また、オンライン会議ではチャット機能を使って「このURLを参照してください」などと文字のやり取りをすることが多々ありますが、Zoomの場合は会議が終わるとチャットの履歴も失われてしまうため、残したい情報はチャットではなくGoogleド

キュメントで共有するのがいいでしょう。

動画資料のような重たいデータを共有しながら話し合いを進めたいときは「Googleドライブ」の併用がオススメです。あらかじめGoogleドライブにファイルやフォルダを保存しておけば、Googleドキュメントやスプレッドシートのホーム画面から簡単に資料を共有することができます。

Googleドライブは無料で15GBまで使えます。制限を超えてしまいそうな場合や、メールで重めの資料を送りたい場合は、ギガファイル便（容量無制限・1ファイル200GBまで）やファイヤーストレージ（容量無制限・1ファイル250GBまで）を使ってください。どちらもユーザ登録なしで簡単に使えます。

ドキュメント管理からタスク管理まで、すべてを集約する万能ツール

本書ではここまで時短につながるさまざまなITツールを紹介してきましたが、もしかしたら近い将来、これらはすべて過去のものになってしまうかもしれません。「Notion（ノーション）」という、とてつもなく便利なツールが登場したからです。

ノーションとは、オフィス系ソフトやデータベース、カレンダーなど、さまざまな機能を兼ね備えた「オールインワンの情報共有ツール」です。日本語版がまだリリースされていないにもかかわらず、IT系のエンジニアやクリエイターなどを中心にじわじわと人気が高まっています。2021年度中に日本語版が出るという話なので、そうなれば日本でも一気にブームになるのではないでしょうか。

私も現時点ではまだ「ライフベア」でタスク管理を行い、「パソコンの付箋機能」でTodoリストを作成し、制作した動画は「ギガファイル便」でクライアントに送り、修正などのやり取りは「メール」で行う——というように、さまざまなツールを使い分けながら仕事をしていますが、徐々にノーションに移行し始めています。ノーションを使うとチームでの共同作業やクライアントとのやり取りが格段にスムーズになり、自分だけではなく関係者全員に恩恵があるからです。

たとえばYouTubeやWebの制作案件では、私（大原）と外注の制作チームとの間で次のようなやり取りが生じます。

・Ｚｏｏｍで打ち合わせを行い、議事録は「Ｇｏｏｇｌｅドキュメント」に保存
・「ギガファイル便」で画像や動画などの素材を送る（大原→外注先）
・送られてきた素材をダウンロードして自分のパソコンに保存（外注先）
・「メール」で参考ＵＲＬを送る（大原→外注先）
・参考ＵＲＬを確認＆ブックマーク（外注先）
・「メール」で納品までのスケジュールを送る（大原→外注先）
・初稿の動画が「ギガファイル便」で納品される（外注先→大原）
・「メール」「Ｚｏｏｍ」「電話」などで修正を指示する（大原→外注先）

右記はやり取りのごく一部ですが、これを見ただけでも、情報があちらこちらに散乱しているのがイメージできると思います。

外注先からすると、議事録を見直したいときはＧｏｏｇｌｅドキュメントを開き、スケジュールを確認したいときはメールの受信箱から該当のメールを探すというように、目的に応じて別々の場所から情報を探し出す必要があります。素材はダウンロードして自分のパソコンに保存しているでしょうが、整理整頓が苦手な人だとすぐに「あの素材はどこ

だっけ?」「どれが最新の修正ファイルかわからない!」といった混乱が生じます。

しかし**ノーションを使えば、これらすべての情報やデータを一元的に管理することができる**のです。

ノーションでは、プロジェクトごとにワークブースを設け、その中に動画や画像、PDF、Twitterやブックマークなどの外部リンク、タスク管理まで、あらゆるデータを収納し、共有することができます。

先ほどの例でいえば、議事録も、素材も、スケジュールも、参考URLも、納品物も、プロジェクトに関わるすべての情報をワークブース内に収納し、私と外注先とで簡単に共有できるというわけです。

しかも**ノーションは、ドキュメントをフォルダに収納するのではなく、ページを階層化して情報を整理する仕組みになっているので、サイドバーを見れば「どこに何があるか」は一目瞭然**です。ほかにも資料の一部分を指定して「ここを修正してください」などとコメントを付けたり、「この部分についてご意見ください@×××」と特定の相手(この場合は×××さん)にコメントを求めるメンション機能もあるので、チームでの作業が圧倒的に楽になります。

現状ではまだ英語版しかないため、私も「一緒にノーションを使いましょう」とは提案しにくいのですが、日本語版がリリースされた暁には、取引先やクライアントにもどんどん布教したいと考えています。

オンライン会議では「リングライト」の活用がオススメ

Ｚｏｏｍなどのオンライン会議では、自分や相手の顔がつねに画面に表示されるので、リアル以上に「見た目」が気になる方も多いのではないでしょうか。

とくに**初対面の人同士がオンライン会議を行う場合は、画面映りのよしあしで、印象はかなり変わってきます**。「第一印象の8～9割は見た目で決まる」というのはリアルでもオンラインでも共通なので、相手に少しでも良い印象を与えたいならば、カメラ映りも気にしなければなりません。

といっても、時間をかけて身だしなみを整える必要はありません。オンライン会議はさほど画質がよくないので、入念に髪をセットしたり、気合いを入れて化粧をしたりしても、見た目はそこまで変わらないからです。

実は**Webの場合、自分が画面にどう映るかは「光」で決まります。**きれいに化粧をした人よりも、上手に光が当たっている人の方が、Webの世界ではずっと魅力的に見えるのです。

私はプロのカメラマンでもあるので、光には人並み以上にこだわりがあって、Zoomでセミナーを行う場合はプロ用のLEDライトを複数台設置して臨みます。講師やユーチューバーなど「演者」を生業にしている人にとっては、ライティングの機材やスキルは不可欠なのです。

もちろん一般的なオンライン会議ではそこまでやる必要はありませんが、光が大事であることに変わりはありません。画面上での見た目をよくしたいなら、何らかの方法でライティングを行ってください。

もっとも簡単なライティングは「自然光」です。窓際に机とパソコンを設置し、顔が自然光に照らされるようにすれば、それだけで肌が美しく健康的に見えます。

ただし窓を背にして座ると逆光になり、かえって顔が暗く映ってしまうので注意が必要です。パソコン画面の明るさは自動的に調整されるので、背景が明るすぎると自動的に明るさが落とされるためです。

窓際に作業スペースを作れず、**自然光を頼れない場合は「LEDリングライト」を使ってみるのもいいでしょう。**リングライトとは、動画や写真の撮影時に使う専門の照明器具で、肌をきれいに見せる効果があります。パソコンの後ろに置いて顔を照らすならスタンド付き、机やノートパソコンのフチに挟み、角度を調整しながら使いたいならクリップ式が便利です。照明モードを切り替えられる機種の場合、肌をナチュラルに見せたいときは通常色か暖色、頬の赤みを抑えたいなら白色というように使い分けます。

リングライトの値段はピンキリですが、今ざっとネットで調べたところ、６・３インチ程度の小型のライトなら送料込みで２０００円以下のものがたくさん出ていました。オンライン会議用ならこれで十分だと思います。

光以外では「背景」にも気を付けてください。ビジネスの場に生活感を持ち込むのは望ましくないので、自宅からオンライン会議に参加する場合は、画面に映る範囲をスッキリ片づけるか、それが無理ならＺｏｏｍの背景機能を使うようにしましょう。

オンライン商談のパワポは「数字」に時間を割き「デザイン」で時短

商談がオンライン化したおかげで、私たちは移動にかける時間を大幅に削減することができました。ところがその一方、**商談がオンラインになったことにより、これまで以上に時間がかかってしまう仕事も出てきました。その代表格が「パワーポイント（パワポ）資料の作成」**です。

パワポの資料は対面の商談でも使われますが、その場合、メインはあくまでも口頭での説明であって、パワポ資料は補助的なツールに過ぎません。だから資料にデータやグラフを入れるにしても、数字や目盛りは最小限にして、細かい部分は口頭で説明するのが通例でした。

なぜ資料に細かい数字を入れないのかといえば、パワポというのはこれまで「会議室のプロジェクタに映し出されるもの」だったからです。プロジェクタがない場所では、資料の作成者が自分のパソコン画面を見せながら説明するといったケースもありますが、いずれにしても、プレゼンされる側には細かい部分までは見えないし、資料も手元に残らないので、数字やデータはざっくりしたレベルで十分だったのです。

ところが商談や会議がオンラインになったことで、**パワポ資料は「見せるもの」から「共有するもの」に変わりました**。相手からすると、プロジェクタや他人のパソコンをのぞき込むかたちでパパっと見せられるのではなく、自分の手元でじっくり見られるようになったため、細かい部分までチェックするようになったのです。

これにより重要度が増したのが「数字」です。私の仕事でいえば、見積もりの数字や、広告の費用対効果を示す数字は、今まで以上に見られるようになりました。

「細かくチェックされるのは困る」と思うかもしれませんが、実は「時短」という観点からは、むしろ細かく見てもらえる方がありがたいのです。

私も以前は、自分のノートパソコンでパワポ資料を開き、その画面をクライアントにお見せすることが多かったのですが、この方法だと相手はその場でじっくりチェックできないため「では持ち帰って検討します」となってしまいます。ところが商談がオンライン化し、パワポ資料を共有するようになってからは、相手もしっかり数字を見て試算できるためか、その場で回答いただけることが増えたのです。

だから私は**オンライン商談でパワポ資料を共有するときは「数字」まわりを入念に作り込みます**。かつては「丁寧に作っても、どうせ見てもらえない部分」だったのが、今や

「相手が一番見たい部分」となったのです。

その代わり、**数字以外のページは、今まで以上にシンプルに作る**ようになりました。原則として、1枚のスライドに入れるメッセージは1つだけ。それも、頭を使って考えるのは「見出し」の文字だけで、あとは適当なイメージ画像で埋めてしまいます。超シンプルですが、見出しのフォントを60ポイントくらいの大きさにしておけば見栄えが良く、手抜き感もない資料を短時間で作ることができます。

なお、チームのミーティングではホワイトボード代わりにＧｏｏｇｌｅドキュメントを使うことを提案しましたが、Ｇｏｏｇｌｅドキュメントは共同編集を前提としたツールなので、商談で使うのは少々リスキーです。

相手にデータを書き換えられては困る場合は、パワポ資料の最後にメモ用のページを作り、相手からも見える状態にした上で、商談のポイントや進捗をメモしながら進めていくのがいいでしょう。これなら抜け漏れがなく、コミュニケーションが円滑になる上、「言った、言わない」の問題も予防できます。

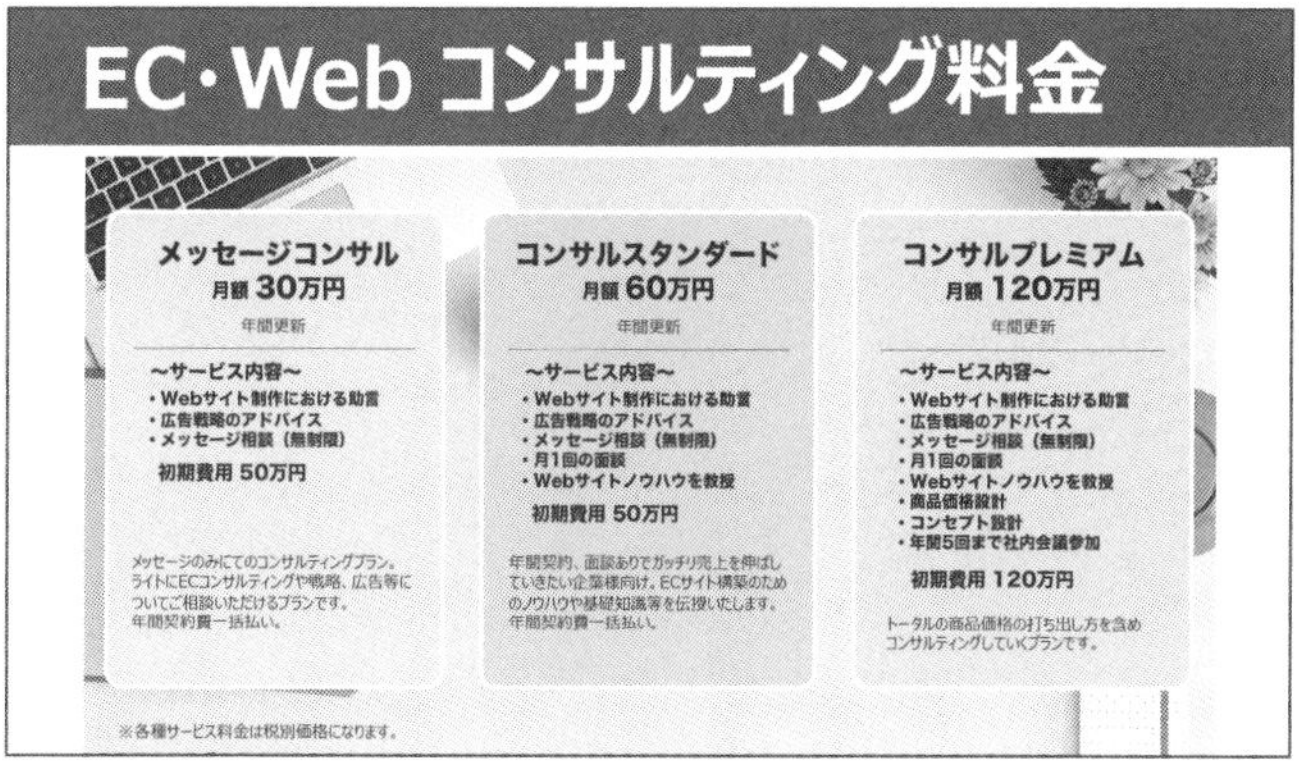

上:数字以外のページ
下:数字を細かく見せるページ

シェアオフィスやコワーキングスペースという選択肢も

時間を有効活用したいと考える人にとって、通勤不要なリモートワーク（テレワーク）は歓迎すべきワークスタイルといえますが、いいことばかりではありません。ビジネス情報メディアの「ビズヒッツ」がリモートワーク中の男女961名にアンケート調査を実施したところ、リモートワークでなんらかの悩みが「ある」と答えたのは84・3％にのぼり、悩みの第1位は「家族がいて集中できない」でした。

たしかに、家族がいる、いないにかかわらず、自宅ではオンオフの切り替えがしにくく、集中力が続かないという話はよく聞きます。そんなときは近所のカフェやファミレスに行く人が多いようですが、飲食店は本来仕事のための場所ではないので、長居しづらかったり、いい席が空いていなかったり、Ｗｉ－Ｆｉや電源がなかったりして、必ずしも快適に仕事ができるとは限りません。

そこでオススメしたいのが「**シェアオフィス**」や「**コワーキングスペース**」です。

シェアオフィスとコワーキングスペースは、どちらも異なる職業の人が集まって仕事をする場所のことで、日本ではほぼ同じ意味で使われています。シェアオフィスは個室が多く、コワーキングスペースは図書館のようなオープンな場所になっている傾向があるものの、厳密に区別されているわけではないようです。

こうした場所はなんとなく「フリーランス向け」というイメージがあって、会社員の方には敷居が高く感じられるかもしれませんが、それは誤解です。

たしかに以前は企業契約やフリーランスの利用者がほとんどでしたが、コロナ禍以降はリモートワーク中の会社員が利用するケースも急増し、彼らを対象としたプランも増えてきています。時間単位や1日だけ利用できる「ドロップインコース」や、月単位でレンタルして自分のオフィスのように使える「月額会員コース」など、**働き方に合わせてフレキシブルに利用できる**のです。

シェアオフィスやコワーキングスペースには、フリーWi-Fiや電源、プリンタなど、仕事に必要なモノや環境がすべて整っており、中にはフリードリンクが用意されているところもあります。

しかも、**こうした場所では周りもみんな仕事をしているので、自分も自然と仕事モードになっていきます**。自宅で集中できないタイプの人は、適度に雑音があったり、人目にさらされていたりする方が集中できる傾向があるので、シェアオフィスやコワーキングスペースに行けばぐっと仕事がはかどるでしょう。

料金プランも多種多様で、ドロップインの場合は都内でも1時間600円前後と、それこそカフェ感覚で利用できます。定期利用でも「午前中だけプラン」「午後だけプラン」など時間を限定したプランなら月額3000円～5000円程度のところもあるので、「午前中のゴールデンタイムはコワーキングスペースに行って集中して働く」といった使い方も可能です。リモートワークを推奨している企業では、利用料を経費として認めてもらえる可能性もあるので、一度交渉してみるのもいいでしょう。

長期的なリターンを考え、テレワーク環境にあと「2万円」投資を

読者の中には、コロナ禍をきっかけにテレワークの比率が高まったという方もいらっしゃるでしょう。そんな人にお聞きしたいのですが、あなたはテレワークへの移行後、仕事のために何かしら「投資」をしましたか？

日経ビジネスの調査によると、コロナ禍による在宅勤務開始時に新たに購入したIT機

器やソフトウェアへの支出金額は、ドイツがトップで381ドル、全体平均が273ドルであったのに対して、日本はわずか132ドル――。日本は他の先進諸国にくらべて「自分の仕事環境に投資する」という意識が低いことがみてとれます。

その一方、「在宅勤務での生産性はオフィスより低下する」と答えた人の比率は、他国が10％前後であるのに対して、日本は40％と断トツの世界1位。これはつまり、作業環境への投資の少なさが生産性の低さに直結していることを物語っています。

ですから、**あなたがテレワークでさらなる時短を成し遂げたいのであれば、まずは環境への投資を検討してください。**

環境が整えば、テレワークの作業スピード、効率、意欲は間違いなくアップします。効率的に成果を出すことができれば評価も高まり、昇進やボーナスにも影響してくるので、長期的にみれば必ずや投資以上のリターンを得られることでしょう。

では、具体的に「何に」「いくら」投資すればいいのか――。

まず真っ先に見直してほしいのは**ネット環境**です。テレワークの必須ツールであるWeb会議システム（Zoomなど）を使うためには、強いWi-Fiが必要です。

私はこれまでテレワーク中の人を含め、さまざまな相手とWeb会議を行ってきましたが、10人に1人くらいは、Wi－Fiが弱すぎて通信が途切れがちな人がいます。参加者の中にそういう人が1人でも混じっていると、発言が聴きとりにくくて何度も聞き返したり、こちらの話もうまく伝わらなくて繰り返し説明を求められたりして、会議が必要以上に長引きます。それは本人だけではなく、周りの人の時間も奪っているということです。

自宅でWi－Fiを使うには、ポケット型Wi－Fi、据え置き型Wi－Fi、光回線という3つの選択肢があります。ポケット型は安価ですが、速度が安定しにくく通信が途切れることもあるため、ビジネス利用には向きません。据え置き型はポケット型にくらべればだいぶマシではあるものの、やはり**最も安定的に速度が出るのは光回線**です。光回線は高いというイメージがあるかもしれませんが、実際は月額4500～5500円程度と、ポケット型Wi－Fiより1000円高いくらいなので、可能であれば光回線に切り替えることをオススメします。

光回線を使っているのに速度が出ない場合は、Wi－Fiルータを見直してみてください。いくらネット回線が速くてもルータの通信性能が低いと、そちらの通信速度が反映されてしまうからです。

ルータにはさまざまな規格や機能がありますが、速度を出したいなら「IPｖ6対応」かつ「無線LAN規格Wi－Fi5以上」を選んでおけば間違いないでしょう。

ネット環境に次いで作業効率を左右するのは**「机」と「椅子」**です。先述の日経ビジネスの調査でも「テレワーク実施の課題」でトップに挙げられたのは「デスク、椅子、ネット回線など作業環境の整備」で54・5％にものぼっていました。

机については、第1章で紹介した**「スタンディングデスク」がイチオシ**です。私は普通に座って作業をするノーマルなデスクと併用しているため、スタンディングデスクはコンパクトなタイプを選びましたが、どちらか1台しかデスクを置けない場合は「幅広タイプのスタンディングデスク」にすると作業がしやすく、仕事がはかどります。

パソコンに向かっている時間が長い人には**「ゲーミングチェア」もオススメ**です。もともとは長時間ゲームをするゲーマーのために開発されたものですが、座り心地がよくて疲れにくい、正しい姿勢を保ちやすい、座りながら休憩もできるなど、さまざまなメリットがあることから、最近は仕事でゲーミングチェアを使う人も増えています。値段はピンキリですが、比較的安めの価格帯（1万5000円程度）でもかなり高性能なものが見つかります。

column5

「名前をつける」ことが意味する仕事を考える

現代でも、名前というのは、とても重要な意味合いを持つものです。

たとえば、あらゆる発明や特許には、すべて言葉、すなわち広義の名前によって、その全容が記されています。

また、有名な映画作品でも、宮崎駿監督の『千と千尋の神隠し』や新海誠監督の『君の名は。』などは、主人公の名前が大きなテーマとなっています。

これらのことをふまえ、「名前をつける」という行為を抽象的にまとめると、この世界を新たに認識し、広げ、その発見を言葉として残し、後世にもつなげていく。そんな意味合いを持っているのではないでしょうか。

その行為は、今後さらに優秀な人工知能やロボットが開発されようとも、侵略することのできない「人間にのみ与えられた最高の特権」だと私は考えています。

では、あなたにとっての「名前をつける」という行為は、どんな仕事を意味するのでしょうか。難しい問いになりますが、ぜひ考えてみてください。

CHAPTER 5

第5章

仕事スピードを高める
運動・食事・睡眠の
習慣

GACHISOKU

「1日5分」の運動が、脳の無意識を活性化させる

近年の脳科学研究の発展により、運動をすることで仕事のパフォーマンスが上がることが科学的に立証されてきました。

私の周囲を見渡しても、**仕事ができる人はたいてい何らかの運動をしています。**身体を動かすことでドーパミンやセロトニン、ノルアドレナリンが分泌され、集中力や記憶力を高めるからでしょう。

これまでは、毎日の通勤がある意味で運動の代わりになっていましたが、コロナ禍でリモートワークが増えたことにより、ほとんど1日中家にこもりきりになってしまった人もいるようです。こうした状況下では、**自分から「運動しよう!」という意識をもたないと、どんどん運動不足が加速してしまいます。**

私も楽天をやめて独立してからは、毎日どこかへ通勤することはなくなりました。その代わり、朝起きたら近所の公園へ行って20～30分ほどフットサルの練習をするのを日課にしています。それからシャワーを浴びて軽く朝食をとり、コーヒーを飲みながら子どもの相手をして、妻が子どもを保育園に連れて行ったら仕事開始——というのが毎朝のルー

ティーンです。

もちろん、これは自営業だからできることであって、会社員が朝から30分もスポーツを楽しむのは難しいかもしれません。「やりたいけど、やる時間がない」と思っている方は多いでしょうし、反対に「運動はキライだから、時間があったとしてもやりたくない」という方も少なからずおられるでしょう。

けれども運動は、仕事の効率を高めるだけではなく、健康や美容の面でもさまざまなメリットがあります。だから好き嫌いにかかわらず**運動する習慣がない人は、まずは「1日5分」を目標に、身体を動かすことに挑戦してみてください。**

どんな運動をするかは自由ですが、**オススメは「YouTubeを見ながらエクササイズやストレッチ」**です。

コロナ禍により自宅で運動をしたいというニーズが高まったことで、今、YouTubeには手軽なエクササイズ動画がたくさん上がっています。おもしろいトークを織り交ぜながら運動のコツを教えてくれたり、かわいい／カッコいいインストラクターが「がんばって！」と励ましてくれたりと、視聴者を楽しませるための工夫がもりだくさんなので、それを見ながらユーチューバーと一緒に身体を動かしていると、5分なんてあっという間に過ぎてしまいます。

「時間がないから運動できない」というのは言い訳になりません。1日5分でも運動をすれば、仕事のパフォーマンスは間違いなく上がり、1日5分以上の余暇となって返ってくるからです。

昼食は軽めに抑えて集中力アップ　食べても眠くならないメニュー

仕事のパフォーマンスは「食事」にも大きく左右されます。

といっても、「朝食をしっかり食べましょう！」という話がしたいわけではありません。朝食の重要性を説く論文が多いことは認めますが、私や、私の友人の食生活を分析する限り、朝食は「食べても食べなくてもOK」という程度のものです。

一般的に、朝食は頭と体を目覚めさせる働きがあり、朝食を抜くとエネルギー不足に陥って集中力が続かない、と言われています。

ところが、私のまわりの仕事ができる人の中には朝食は食べない人が相当数いますし、私自身も軽くジュース程度で済ませてしまうことが多いです。もちろん、それで仕事に支障をきたすことはありません。私も以前は「朝食を食べなければ」と思い込み、無理に食べていた時期があるのですが、そのときの方が胃がもたれて仕事の効率が落ちてしまっていました。

結局のところ**朝食が必要かどうかは、その人の体質や生活習慣に大きく左右される**のでしょう。だから、朝食を食べた方が調子がいい人は食べるべきだし、朝食抜きで問題ない人は食べなくてもいい。それだけのことです。

実は、**仕事のパフォーマンスにもっとも影響を与えるのは朝食ではなく「昼食」**です。朝と夜は何をどれだけ食べようが自由ですが、**昼食だけは、絶対に食べ過ぎないようにしてほしい**のです。

理由は簡単、お昼に食べ過ぎると睡魔に襲われたり、けだるさを感じたりして仕事にならなくなるからです。

12時から1時までが昼休みだとして、そこでラーメンやカツ丼をお腹いっぱい食べてしまったら、1時~2時過ぎまでは何をしても集中できず、仕事モードに戻るころには3時近くになってしまいます。1日8時間の就業時間のうち2時間も使い物にならなければ、いくら高速仕事術をもってしても定時に帰るのは難しいでしょう。

眠気をもたらす犯人は炭水化物（ブドウ糖）です。

空腹時にラーメンや蕎麦など炭水化物メインのものを食べると、血糖値が急激に上昇します。血糖値が急上昇すると、血糖値を下げるためにインスリンが分泌され、今度は血糖値が急降下する。この血糖値の乱高下が眠気や疲労感をもたらすのです。

また、たとえ炭水化物が少なめの食事だったとしても、満腹まで食べてしまうと、消化のために血液が胃などの内臓に多く流れ、脳に回る血液が減ってしまうので、やはり頭の動きは鈍くなります。

だから**昼食は「炭水化物が少ないメニュー」を「腹三〜四分目」に抑えて食べるのが理想**なのです。

「それでは物足りない」「お腹が空いてしまう」と心配する方もおられるでしょうが、たとえ炭水化物抜きの軽めの昼食でも、選び方によっては意外なほど満足感を得ることができます。

以下、コンビニやファミレスのオススメメニューをご紹介します（価格はすべて税込／2021年6月現在）。

■吉野家／ライザップ牛サラダ

吉野家とライザップがコラボした「高たんぱく質、低糖質」のメニュー。吉野家の牛肉をはじめ鶏肉、半熟玉子、ブロッコリー、豆などが盛られたボリューム満点のサラダです。（550円／392キロカロリー）

■サイゼリヤ／肉のおつまみ＋野菜のソテー

「サイゼ飲み」という言葉もあるほど、単品のおつまみメニューが充実しているサイゼリヤ。「辛味チキン」（300円／369キロカロリー）や「アロスティチーニ（ラムの串焼き）」（400円／224キロカロリー）などの肉系おつまみに、青豆に半熟卵が乗った「柔らか青豆の温サラダ」（200円／214キロカロリー）や「ほうれん草のソテー」（200円／142キロカロリー）などの野菜料理を添えれば、炭水化物ナシとは思えない大満足ランチになります。

■サイゼリヤ／1品グリル＋サラダ

もっとガッツリ肉を味わいたい人は「骨付きももの辛味チキン」（600円／397キロカロリー）や「リブステーキ」（1000円／640キロカロリー）などの肉料理と「ガーデンサラダ」（350円／161キロカロリー）をセットにしましょう。食べ応え満点なのに炭水化物抜きなので眠くなりません。

■サイゼリヤ／具だくさんスープ

軽めに抑えたいなら「リグーリア風ミネストローネ」（300円／223キロカロリー）や「田舎風やわらかキャベツのスープ」（300円／294キロカロリー）を単品で。

■コンビニ／ガッツリ系サラダ＋カップスープ

コンビニでは、チキンやシーフードが入った「ガッツリ系サラダ」が充実しています。たんぱく質がとれるため、単品でもそれなりにお腹がふくれますが、物足りなければ具沢山のカップスープをプラスするといいでしょう。

■**コンビニ／サラダチキン＋カップサラダ**

ダイエットや筋トレのお供にピッタリだと一大ブームとなったコンビニのサラダチキン。今ではプレーンだけではなくハーブやペッパー、ガーリックなど味のバリエーションも増えていて、毎日食べても飽きません。サラダチキンにプラスするなら、野菜やたんぱく質がメインのカップサラダがオススメです。

このように、昼食時に「炭水化物ナシ、または控えめ」かつ「腹三～四分」を心がけていただければ、夕食は何を食べてもかまいません。もちろんお酒もＯＫです。極端な食事制限ではなく、**朝と夜は好きなものを食べて、昼だけ少し節制するというスタイル**ですから、無理なく長く続けられるのではと思います。

なお、**仕事中の飲み物としては「白湯」がオススメ**です。ジュースは炭水化物と同じように血糖値を急上昇させるので、仕事中に飲むのは避けるべきです。コーヒーは集中力を高める効果があるものの、朝から晩までコーヒーを飲んでいると体がカフェインに慣れて効き目が落ちてしまうので、「朝イチで集中したいとき」あるいは「昼食後にシャキッと気合いを入れたいとき」など、１日１杯をここぞのタイミングで飲むのがいいでしょう。

昼寝10分は夜の睡眠1時間分「パワーナップ」で脳をリセット

仕事中や勉強中に眠気に襲われたとき、少しだけ仮眠をとると頭がスッキリ冴えわたり、集中して作業を再開できた――そんな経験は、だれにでもあるのではないでしょうか。実際に昼寝の有用性を認める研究は多く、たとえばNASA（アメリカ航空宇宙局）が行った実験では、昼に26分間の仮眠をとることで、認知能力が34％、注意力は54％も向上したといいます。

ここでいう昼寝とは、昼食をお腹いっぱい食べたあと、たまらずに寝てしまう昼寝とは別物です。

眠くて仕方がないから昼寝をするのではなく、仕事のパフォーマンスを高めるために、昼間あえて短時間の仮眠をとる――。それがコーネル大学の社会心理学者ジェームス・マースが広めた「パワーナップ」（Ｐｏｗｅｒ Ｎａｐ＝積極的仮眠）であり、アップルやマイクロソフト、Ｇｏｏｇｌｅ、ＧＭＯ、さらには私の古巣である楽天など、多くの先進的な企業がこれを採用しています。

私も楽天時代からパワーナップを習慣にしています。当時から午前中のゴールデンタイムに重要な仕事を詰め込むスタイルだったため、脳は朝からフル回転で、お昼を迎えるころにはスタミナも半減しています。そんなタイミングで10～15分程度の仮眠をとると、脳の状態がリセットされて、普通ならパフォーマンスが激減してしまう午後でも、午前中に近いコンディションで仕事ができるようになるのです。**「10分の昼寝は夜寝の1～2時間に相当する」**という説がありますが、まさにその通りだと思います。

ただし**昼寝の時間は10～15分がベストで、どんなに長くても30分を超えてはいけません。**30分を超えると睡眠が深くなりすぎて、目覚めたときに倦怠感を感じてしまい、昼寝の効果が薄れてしまうからです。反対に「5分だけ」では昼寝としては短すぎて、脳の疲労回復が見込めません。

人は寝付いてからすぐノンレム睡眠（脳が休んでいる状態）になります。ノンレム睡眠には4つのステージがあり、入眠後すぐは眠りが浅いステージ1、入眠後5～20分後はステージ2というように、ステージが進むごとに眠りが深まっていきます。実はこのステージ2のときに脳のキャッシュ・メモリがクリアされて、脳の疲労が取れると言われています。だから入眠後10～15分、すなわちステージ2が終わってステージ3に入る前くらいのタイミングで目覚めるのが、パワーナップとしては最適なのです。楽天の仮眠室がふかふかのベッドではなくヨガマットのような硬いマットだったのも、熟睡して寝すぎないようにという配慮からだったのでしょう。

私はパワーナップが長年の習慣になっているので、15分もたてば自然と目が覚めますが、そのまま熟睡してしまいそうな人は、スマホなどでタイマーをセットしておくといいでしょう。また、10～15分の昼寝なら起きたときの倦怠感はないと思いますが、少しボーッとした感じが残るようなら、ストレッチなどで身体を動かせば頭も体も一発で目覚めます。

昼寝は10～15分という時間さえ守れば、場所や寝方はそれほど重要ではありません。会社に仮眠室がなければ、机に突っ伏して寝るのでも全然大丈夫です。周囲の目が気になって机では寝にくい人は、ランチ帰りにネットカフェに寄るのもありでしょう。都内にはネスカフェが運営する「睡眠カフェ」などパワーナップ向けのカフェもあるので、近くにお勤めの方はぜひ試してみてください。

睡眠時間を削ることは脳の無意識力を削ること　7時間は死守！

日中に眠気を感じるのは、昼食だけではなく慢性的な睡眠不足も一因です。
２０１８年にＯＥＣＤなどが行った調査によると、日本人の睡眠時間は世界で最も短く平均７時間22分だったのですが、２０２０年にフランスの企業Ｗｉｔｈｉｎｇｓが行った調査では６時間22分と、さらに短くなっていることがわかりました。これはもちろん調査した14カ国中ワースト１位の短さです。

私の経験上、**脳を正常に働かせるためには最低でも1日7時間は睡眠が必要です**。とくにクリエイティブな仕事についている人や、高度な判断が求められる立場の人は、睡眠の長さが仕事の質やスピードに直結します。

だから「寝る間もないほど忙しい」は本末転倒で、本当は「**寝ていないから仕事が遅く、結果的に忙しくなっている**」のです。たまに「忙しいこと」や「寝ていないこと」を自慢げに語る方がいますが、それは「自己管理が甘いせいで仕事が遅い」とみずから告白しているようなものです。

世界に目を向ければ、Ａｍａｚｏｎ ＣＥＯのジェフ・ベゾスや台湾の「天才デジタル担当大臣」ことオードリー・タン、Ｇｏｏｇｌｅ会長エリック・シュミットなど、多くの著名人が７〜８時間以上の睡眠を取っていると公言しています。超多忙な彼らでもそれだけの睡眠時間を確保できるのだから、私たちだってやろうと思えば絶対にできるはずです。

睡眠時間が7時間に満たない方は、今の生活習慣を一度見直してみてください。朝起きなければならない時間は決まっているでしょうから、そこから逆算して就寝時間を決め、日々厳守するのです。

私は毎朝7時に起きるので、7〜8時間の睡眠を確保するために23〜24時に寝るようにしています。就寝時間に幅を持たせているのは、厳密に決めすぎるとストレスになるからです。23時に寝るのが目標だけど、どうしても読みたい本があるときなどは、24時までなら起きていてもいいことにする。その代わり、24時というデッドラインは何が何でも守る。そんな意識で日々を過ごしています。

また、ベッドに入ってすぐに寝付くためには、**就寝1時間前から入眠を意識した行動をとることも大事**です。私の場合は、湯船にゆったりつかること、22時を過ぎたら部屋の照明の明るさを落とすこと、パソコンの大画面の光は刺激が強いので22時以降は見ないことなどをルール化しています。

CHAPTER 6

第6章

脳の疲労を回復して仕事スピードアップ！

GACHISOKU

オフラインの時間をもうけて脳を休ませる

少し前にNHKのクローズアップ現代で「〝スマホ脳過労〟記憶力や意欲が低下!?」というテーマを取り上げていました。要約すると「スマホから膨大な情報が絶えず流れ込むと、脳の情報処理が追い付かなくなり、前頭葉の血流も減少する。そのためスマホ依存になると、若い人でも物忘れが激しくなったり判断力が鈍ったりする。そんな中、**一定時間スマホを手放す〝デジタル・デトックス〟が注目されている**」といった内容でした。

私自身も、以前からデジタル・デトックスの重要性は実感していました。朝から晩までスマホを触っているわけではなくても、つねにネットにつながっている環境で生活していると、徐々に脳の疲れが蓄積していくからです。

コロナ以前の話になりますが、私が2カ月に1回、1週間ほどの海外旅行を習慣にしていたのも、観光というよりデジタル・デトックスが目的でした。だから、あえてWi－Fiは持っていかず、ネットを見られるのはホテルだけという状況をつくります。すると、心も体もものすごくリフレッシュできるのです。

コロナ後は長距離の移動が難しくなったため、日帰りや1泊程度で行ける関東近隣を旅することが多くなりました。国内の場合はどこへ行っても電波がつながってしまうので、スマホは基本的にリュックに入れっぱなしにして、写真はスマホではなくデジカメで撮るなど、なるべくスマホと距離を置くように努めています。

旅行が難しいときは、映画を観に行きます。映画館では約2時間、スマホを触らずに映画の世界に没頭することができます。現代人は縛りがなければ10分に一度はスマホを触ってしまうので、2時間スマホと離れるだけでもかなりのデジタル・デトックスになります。このほかサウナや温泉に入るときも、スマホを持ち込むことはできないため、同様の効果が期待できます。

このように、**短時間でもスマホを触らない時間を持ってみると「スマホなしでも意外に平気だな」ということに気づく**はずです。

スマホを一時も手放せない心理の裏には「自分が見ていないうちに重要な連絡が入るのでは」「おいしい情報を見逃すのでは」といった不安があるのでしょうが、実際には数時間スマホから離れたところで、取り返しのつかない不都合が発生することはまずありません。そんな心配をするよりもデジタル・デトックスで脳の状態を整えた方が、確実に人生を豊かにできるはずです。

18時以降は働くな！　デッドラインが仕事にメリハリを生む

本書でも何度か述べてきたとおり、楽天時代の私は、一部の同僚が１００時間超の残業をしているのを後目に、定時で堂々と帰っていました。

とはいえ、新人のころからそうだったわけではありません。当時から仕事は速い方でしたが、同僚とダラダラおしゃべりをしているうちに、帰りが20時〜21時くらいになることもありました。

私が定時で退社するようになったきっかけは、同じチームの先輩女性です。その方はお子さんがまだ小さいため時短勤務をしていて、毎日きっかり16時半に仕事を終えて退社していました。

ところが驚くべきことに、彼女は一般社員と同じ量の仕事をこなしていました。時短勤務中だから簡単な仕事をまかされていたわけではなく、ほかの同僚と同じ肩書きで、同じように案件を担当し、同じようなクオリティを実現し、それでいて毎日16時半には退社できていたのです。

そのことに気づいた私は、なぜそんな芸当ができるのか不思議に思い、彼女の仕事ぶりを観察してみました。すると、そこには一切の無駄がないことがわかりました。**やるべきことだけに集中し、余計なことは何もしない**のです。

かたや自分を含む一般社員は、何だかんだ言いながらコーヒー休憩を取ったり、仕事中に少しだけネットサーフィンをしたり、ニュースを見たりと、「気分転換」と称して相当な時間サボっていることに、あらためて気がつきました。

では、なぜ時短ママはサボらず集中して働けるのか？

それは「デッドライン」が明確に決まっているからでしょう。会社が終わればすぐ保育園に迎えに行かなければならないから、何があっても16時半に帰る必要がある。**絶対に守らなければならないデッドラインがあるからこそ、本当に必要な仕事に集中して取り組むことができている**のです。

それからというもの、私は彼女を見習って、定時である17時半以降は絶対に仕事をしないと心に誓いました。いったんそう決意すると、それまでどうしてもやめられなかったネットサーフィンなども自然とやりたいとも思わなくなり、無駄はどんどん省かれていきました。最初のうちは17時半では仕事が終わらない日もありましたが、定時で帰ると決めたからには途中でも帰る――。それを続けていたら、やがて17時半にはきっちり仕事を終えられるようになりました。

独立した現在も、18時には仕事を終えると決めています。それを前提にスケジュールを組むため、時には仕事の依頼をお断りすることもあります。経営者として仕事を断るのは心苦しいのですが、**残業ありきで引き受けるよりも、余裕をもって取り組めるよう仕事量をセーブした方が、制作物のクオリティが高まってリピートにつながる**ので、結果的に経営にもプラスになるのです。

新しいビジネスのアイディアや原稿のネタが思い浮かぶのも、忙しく働いているときではなく、決まってちょっとヒマなときだったりします。創造性を発揮するには、頭のバネに余裕があるくらいがちょうどいいのです。

サラリーマンにオススメ「ヘッドスパ」頭皮の回復は脳の回復

時間やお金に糸目をつけなければ、脳の疲れを回復する手立てはいくらでもありますが、「短時間」かつ「手ごろな料金」でとなれば、**圧倒的に「ヘッドスパ」がオススメです**。ヘッドスパとは、専用のオイルを使って頭皮や髪をじっくりマッサージしてくれる施術のことで、都内の美容室なら1時間3000~5000円くらいでやってもらえます。

私が初めてヘッドスパを体験したのは3年前、タイ旅行のときでした。タイはタイ式マッサージが有名なので、行くたびに全身や足ツボのマッサージを堪能していたのですが、このとき初めてヘッドスパをお願いしたところ、あまりの気持ちよさに一瞬でハマってしまいました。

私はそれまで「頭皮は硬いものだ」と思っていましたが、ヘッドスパを受けたあとは、あきらかに頭皮が柔らかくなりました。つまり私の頭皮は長年にわたって凝って硬くなっていたのです。

肩が凝るのと同じように頭も凝るということを、私はこのとき初めて知りました。そして頭のコリがほぐれると、それに伴い肩から背中まで全身のコリがほぐれてラクになっていくのを実感できました。

のちに調べたところ、**ヘッドスパには頭皮のコリをほぐすだけではなく、脳の血行をよくしたり、自律神経のバランスを整えたり、副交感神経を活性化してリラックスさせるといった多くの効果がある**ことがわかりました。それ以来、少し疲れたなと感じたら、真っ先にヘッドスパに行くのが習慣になりました。

ヘッドスパは美容室でやってもらうのが手軽ですが、自分でヘッドスパ専用のオイルを買い、入浴のついでに1~2分マッサージするだけでも効果があります。翌朝スッキリ頭が冴えるので、ぜひお試しください。

締め切り前はちょっぴり贅沢なホテルで集中力を回復する

大きな仕事が終わった後、ちょっと奮発していいお店に行き、仲間と打ち上げをするという人は多いでしょう。それはそれで、悪くないお金の使い方だと思います。私も気の置けない仲間との飲み会は好きですし、慰労の大切さも理解しています。

でも時々は、その予算を「仕事が終わった後」ではなく「仕事が終わる前」に使ってみてはどうでしょう。**納品後の打ち上げにお金をかけるよりも、締め切り前のリフレッシュにお金をかけた方が、仕事のクオリティは間違いなく高まります。**

私も大事な仕事の納期直前など、とくに集中したいときは、少しいいホテルに泊まって缶詰め状態で仕事をします。環境を変えるとまた違ったアイディアが生まれるということはよくあるし、自腹でホテルに泊まったからにはモトを取らねばという気持ちになるので、サボらず集中して仕事に取り組めます。

私の場合は「ここが行きつけ」というホテルはとくにありません。むしろ気分を変えるために毎回違うホテルに泊まるようにしています。

ただホテル探しに使うサイトは「一休.com」一択です。比較的高級なホテル・旅館のみを取り扱っているので「ちょっと贅沢」というコンセプトにピッタリで、各ホテルの雰囲気などを見くらべながら楽しくホテルを探すことができます。

現時点ではまだコロナの影響で客足が戻らないこともあり、各ホテルともに普段よりも空いていて泊まりやすくなっています。早めにチェックインし、遅めにチェックアウトできる長時間滞在プランや、割安料金で連泊できるプランなど、テレワークに適したプランを用意するホテルも増えています。

家庭の都合などでホテル泊が難しい場合は、**ホテルのラウンジを利用するだけでもいい気分転換になります**。コーヒー1杯1000円前後とやや高めですが、だからこそ人も多すぎず、優雅な時間を過ごせます。

全力で趣味を楽しむための「趣味予算」をつける

私は楽天時代から現在まで、たくさんの「仕事ができる人」を見てきました。彼らに共通するのが、仕事と同じくらい遊びも大事にしているということです。

遊びには、決断力や計画性、分析力といったビジネスに欠かせない「脳の実行機能」を高める効果があると言われています。また、遊びには仕事の大敵であるストレスを軽減する効果があるし、遊びを通して新しい世界を体験し、視野が広がることも多くあります。そう考えると、**仕事一筋の仕事人間よりも、遊び上手な人の方がより仕事ができるのは当然**といえます。

ところが世の中には「お金がかかるから」という理由で趣味を楽しめない、楽しもうとしない人もいます。これは本当にもったいない話で、そんなことを言っていたらいつまでたっても「趣味にお金を使う↓仕事の効率が上がる↓評価が上がる↓収入が上がる↓もっと趣味にお金を使える」という好循環を生み出すことはできません。

だから「趣味はあるのについお金をセーブしてしまう」という人は、**家計からあらかじめ月1万～3万円を「趣味予算」として計上しておきましょう。**そして、計上した予算は何が何でも月内に全額使い切る。「残ったら貯金しよう」ではなく「1円も残さず使い切ろう」というノルマ意識をもつ。そうすると、予算が減っていくことに罪悪感や残念な気持ちを覚えることなく、心おきなく趣味にお金を使うことができます。

ちなみに私の趣味はフットサルで、毎朝の日課として1人練習をするほか、週2〜3日は1人で、あるいは友人を誘って「個人参加型フットサル」に参加しています。

このほか料理も好きで、夕食を作る頻度は妻よりも私の方が多いくらいです。平日は冷蔵庫にあるものでチャチャッと作ってしまいますが、土日など時間があるときは手の込んだ料理に挑戦します。シンプルながら奥の深い「煮込み料理」が好きで、今はロールキャベツを研究中。スパイスや素材によって風味が変わるのがおもしろく、一度作ると1週間くらい連続で改良版を作り続けることもあります。

私の趣味事情はこんなところですが、もちろん趣味の対象はスポーツや料理に限らず、何でもかまいません。インドア系でもマニアックなジャンルでも、**あなたが心から楽しいと思える遊びが、もっとも大きな効果を発揮する**のです。

旅先での仕事「ワーケーション」を採り入れよう

私はスポーツや料理と同じくらい「旅行」も好きなのですが、コロナ禍によって不要不急の旅行がしにくくなったこともあり、最近は、熱海、三浦、箱根など近場で1泊2泊ほどの「ワーケーション」をすることが増えました。

ワーケーションとは「ワーク」（労働）と「バケーション」（休暇）を組み合わせた造語で、リゾート地などで働きながら休暇をとる過ごし方を言います。2000年代にアメリカで始まり、日本では2018年頃から広がり始めました。当初はフリーランスのクリエイターなど一部の利用にとどまっていましたが、2020年にコロナ対策として一気に認知度が上がり、利用者や受け入れ施設も急増しました。

ワーケーションの魅力は、自然に囲まれた場所で働いてリフレッシュできることです。私もコロナ後は月2~3回ほどワーケーションを行っていますが、自宅よりもリラックスして働けるせいか、新しいアイディアが浮かぶことが多々あります。

また、インターネットサービスプロバイダーのビッグローブ社が温泉旅館を使って実験的にワーケーションを行ったところ、自律神経のバランスが改善したというデータも取れたそうです。

自律神経には、昼間や活動的なときに優位になる「交感神経」と、夜間やリラックス時に優位になる「副交感神経」があります。現代人は仕事のストレスや情報過多により「交感神経」が活発になりすぎる傾向が強く、それが体のだるさやイライラ、高血圧などにつながっています。

そうした状況を改善するにはストレスをできるだけ溜め込まず、規則正しい生活を送ることが大切だと言われているものの、普通に仕事をしているだけでは、なかなか改善が難しいポイントでもあります。

だからこそ**「最近イマイチ調子が良くないな」という方はワーケーションを試してみてください**。日常を離れ、余暇を楽しみつつ働くワーケーションなら、「リフレッシュ」と「業務効率アップ」を同時に叶えることができるでしょう。

おわりに

ガチ速仕事術、いかがでしたでしょうか。

私が普段使っている仕事におけるテクニックやノウハウを余すところなく盛り込んだ1冊になったのではないかと思います。

皆さんの今後の仕事のスピードや、アイディアやクオリティの向上に役立つのであれば、著者としてこれ以上に嬉しいことはございません。

さて、我々ビジネスパーソンにとって重要な「仕事」という大きなテーマをあらためて捉え直すためにも、コラムで書いてきたことをまとめたいと思います。

まず、「人類最初の仕事は何だったのか?」という問いについて。

おそらく人類の最初の仕事は、もはや仕事とは呼ばないような、「きわめて創造的で自由そのもの」だったのではないかと思います。

ところが、現代社会には、人間の自由な創造性を抑圧する、あらゆる制約があります。

会社という枠組み、割り当てられた仕事、昇進などの評価システム、社会のタブーやマナー……。それらから解放され、創造的な仕事＝遊びをとことん突き詰めていくことが、理想であり、究極のテーマであると考えます。

それは、今後の社会や世界のあり方の面から考えても言えることです。

これからは、人間が行う作業はますます人工知能やロボットに代替されていきます。そんな社会にあって、人工知能やロボットにまかせることはまかせ、人間はより人間らしく、人間にしかできない仕事をしていく必要があります。

そういう意味で、「人類最初の仕事は何だったのか？」という問いにあらためて価値が生まれてくると、私は思うのです。

次に、「名前をつける」という行為について。

ある意味では、これこそが「人類最初の仕事」とも言える、最も創造的な行為なのかもしれません。現代でも、名前というのは、とても重要な意味合いを持つものです。

「名前をつける」という行為は、この世界を新たに認識し、広げ、その発見を言葉として残し、後世にもつなげていく。そんな意味合いを持っていると思います。

その行為は、今後さらに優秀な人工知能やロボットが開発されようとも、侵略することのできない「人間にのみ与えられた最高の特権」だと私は考えています。

そして、自分にとって「名前をつける」という行為は、どんな仕事を意味するのか。これを考えることこそが、仕事と向き合う上で、最も重要なことなのではないかと思います。私も仕事をする上で常に考えています。

「人類最初の仕事は何だったのか？」という壮大な問いから、今後の世界において人間が担っていくべき仕事に思いを馳せ、自分にとって「名前をつける」という行為の意味する仕事を考える――。コラムに書いた内容をまとめ直すことで、あとがきとさせていただき、「仕事」という大きなテーマを捉え直す一助となれば幸いです。

そして、この内容が、あなたの仕事のみならず、今後の人生にも役立つことを願っています。

最後に、執筆のきっかけをいただだいた出版プロデューサーの松尾昭仁さん、編集サポートをいただいた武政由布子さん、ぱる出版の岩川実加さんに感謝申し上げます。

また、今回の出版に伴う印税収入は、これから新しく起業やビジネスにチャレンジする若者や、社会的に意義のあるスタートアップ企業に、全額サポートとして寄付させていただきます。

個人がもっと仕事において解放され、チャレンジが歓迎されていく日本を。

そんな、新しい創造性にあふれる時代の到来を期待して。

2021年7月25日

大原昌人

大原昌人（おおはら・まさと）
元「楽天市場」プロデューサー／株式会社ダニエルズアーク代表取締役
慶應義塾大学環境情報学部卒業後、楽天株式会社に入社。フリマアプリ「ラクマ」や、年間100億円規模の流通を生み出す「6時間タイムセール」など、数々のヒット企画に参画。2016年には通常2カ月かかる大規模Web企画(熊本買って応援企画)を1週間でリリースに導き、その功績を買われ楽天市場MVP賞（スピード部門賞）を受賞。2017年からは、国内最大級の流通額を誇る「楽天スーパーSALE」のWebプロデューサーとして、当時最年少で就任。IT業界の中でも業務スピードがトップクラスと言われている楽天内においても、さらに上位のトップスピードで仕事を導いてきた。
2018年、「個人が主体となる働き方を牽引する企業を作りたい」という思いから独立し、クリエイティブカンパニー（株）ダニエルズアークを設立、代表取締役に就任。仕事のスピードと質には定評があり、コカ・コーラ、サムスン、花王など、大企業からの引き合いが絶えず、月間50本を超える案件を高速で回している。
著書に『4000万人の購買データからわかった！売れない時代にすぐ売る技術』(サンマーク出版）がある。

すべての仕事《しごと》を2分《ぶん》の1の時間《じかん》で終《お》わらせる
ガチ速仕事術《そくしごとじゅつ》

2021年10月1日　初版発行
2021年11月5日　3刷発行

著者　大原昌人
発行者　和田智明
発行所　株式会社　ぱる出版

〒160-0011　東京都新宿区若葉1-9-16
03(3353)2835−代表　03(3353)2826−FAX
03(3353)3679−編集
振替　東京　00100-3-131586
印刷・製本　中央精版印刷(株)

ISBN978-4-8272-1297-6　C0034